列車トイレの世界

清水洽 著
SHIMIZU KOH

丸善出版

はじめに

小学校時代から鉄道模型にあこがれ、Oゲージの模型で遊んでいました。1961年4月に大学に入り、鉄道研究会があるのを知るとすぐに入部、学割で東北や九州の安い周遊券を購入して下手な写真を撮っていました。社会人になってからはサラリーマンに徹し、出張先の時間を割いては機関区に潜り込み、SL写真を撮っていましたが、素人写真で人様にお見せできるものはありませんでした。勤務先の会社では下水処理システムの研究開発業務に専念し、月刊誌『環境浄化技術』からの依頼で「下水汚泥処理設備のプラント化への挑戦」と題するコラムを3年間で全22編連載しました。

さて次は何をするかと思案していたとき、鉄道研究会OB会で『鉄道ピクトリアル』特集号を発刊する企画があり、これに便乗すれば私の素人写真を披露できると考え、鉄道ファンも手を付けていないトイレと組み合わせようと試みたのがきっかけでした。私が下水道事業に取り組んだ（学生時代から）昭和38年度の下水道普及率は7～8％で、トイレは当然、水洗式便所でなく汲み取り式便所で、便器から底にたまった汚物を見ることができました。もちろん、列車トイレも汲み取り式便所で、トイレからレールを見ることができた時代です。今や下水道の普及により各家庭の水洗率は80％を超えており、今の子供たちに汲み取り式トイレを説明するのは困難ですが、列車トイレについても同じです。そこで列車トイレの調査に着手し、先輩たちに調べてもらったところ、『鉄道ピクトリアル』に既に特集号（１９６８年11月号№２１６、１９９８年2月号№６４９）に出ていましたので、これを参考に日本の列車トイレの歴史を構築していくことにしました。

一方、家内から海外ツアー旅行の計画をもちかけられ、鉄道に乗車できるのならば、という条件で承諾し、海外の鉄道写真にも挑戦することになりました。まず１９９８年11月、国際ロータリー財団奨学生としてイタリアに留学した娘を訪ねたミラノを皮切りに、スイス、エジプト、チュニジアなどの列車トイレを撮影しました。やがて、鉄道研究会でも「トイレ博士」とよばれるようになり、仲間がトイレの写真を撮って送ってくれるようになりました。そして、私が所属しているＮＰＯ21世紀水倶楽部のホームページで「列車トイレ」シリーズを連載いたしました。また、し尿・下水研究会の月刊誌『都市と廃棄物』

の「トイレヨモヤモバナシ」欄にも掲載されました。
こうして、いつのまにか20か国22編に達した「列車トイレ」シリーズは、日本水道新聞社の月刊誌『水道公論』でも連載され、2022年1月号で最終回を迎えました。あまり大げさに考えずに執筆してきた列車トイレですが、この度、丸善出版の目に留まり一冊の本にまとめて出版されることになりました。今回の『列車トイレの世界』では、写真に関しては特記以外、すべて筆者が撮影したものですが、本文は『鉄道ピクトリアル』（電気車研究会）や『世界の鉄道』（ダイヤモンド・ビッグ社）などの文献から一部、引用させていただいています。

2023年6月

清水　洽

※本書は月刊『水道公論』（日本水道新聞社）2020年7月号～2022年1月号に「調査報告」として連載されたものに一部、加筆、修正を加えたものです。

目次

第3章　世界の列車トイレ　27

第 1 章

日本の列車トイレの変遷

1-1　列車トイレの現状

満員の通勤電車、突然発生するトイレへの欲望。冷や汗がたらたらと流れ、周囲がだんだん暗くなり、腹痛の周期が短くなる。西武新宿線高田馬場駅に到着。急いでトイレに駆け込むと2、3人が同じように青い顔をし、ぐったりと壁にもたれて並んでいる。やむなく地下鉄に乗り、次駅のトイレに飛び込み開放感を味わう。サラリーマンなら1度や2度は経験があるでしょう。このように私たちにとって重要な列車のトイレは、JRや私鉄各線、地下鉄各線の通勤電車には常備されておらず、駅の設備で対応しています。一方、JRの中距離快速通勤電車(東海道、東北、総武近辺や大阪近辺の電車など)には基本的には常備されています。首都圏の私鉄では特急車両以外にはイベント用の車両は長距離用として常備しています。今後はJR東日本の中央線通勤電車にグリーン車が増結されてトイレ設備が付く計画があり、私鉄でも指定車両を設けてトイレの常備が進んでいるようです。

1-2 列車トイレの歴史

私の学生時代、鉄道の写真を撮っていた昭和38年頃、列車トイレの汚物は垂れ流しのため油断をすると汚物をまともに浴びることになりました。当時、所属していた鉄道研究会の先輩に「汚物を浴びるからレールの側での撮影は注意せよ」と言われたものです。ここでは列車トイレの歴史を見ていくことにします。

◆ 鉄道の開設時

1872(明治5)年、新橋~横浜間の鉄道が開設しましたが、車両にはまだトイレ設備はありませんでした。1873(明治6)年4月、荒物渡世・増沢政吉《ますざわまさよし》が横浜駅到着前に尿意をもよおし、列車の窓から小用をしたのを鉄道員にとがめられ、東京裁判所で当時の金額で10円の罰金を科せられました。

1881（明治14）年11月19日の東京日日新聞《とうきょうにちにちしんぶん》には「横浜駅から乗車したお客が窓から尻を突き出しプーと一発かましたため罰金5円を支払う」との記事が載っています。

1889（明治22）年4月27日、宮内省の肥田浜五郎《ひだはまごろう》が藤沢駅でトイレに行ったところ列車が発車してしまい、あわてて飛び乗ろうとしたが乗りそこない、転落・死亡する事故が起きました。当時、肥田は政府の高官であったため、新聞社がこぞって列車トイレの必要性を書き立てました。日本でのトイレ付き車両は英国から輸入した明治13年製の北海道幌内鉄道の開拓使用客車の車両でした。

1920〜30（大正9〜昭和5）年、電車にもトイレ付きがあらわれました。難波〜和歌山市、新宿〜小田原間などの比較的長距離電車にトイレが付き、とくに南海鉄道の豪華列車にはトイレが設置されました。

1924（大正13）年製の参宮急行（現・近鉄）、小田原急行、東武鉄道、国鉄横須賀線、富士身延鉄道などの車両にトイレが付きました。しかし、当時はいずれも汚物は列車から垂れ流しでした。

図1・1は1919（大正8）年8月3日発行『客貨車名称図解』記載の列車トイレの便器と汚物流し管の図面です。当時、トイレの汚物は直接流し管（汚物管）経由で車外に

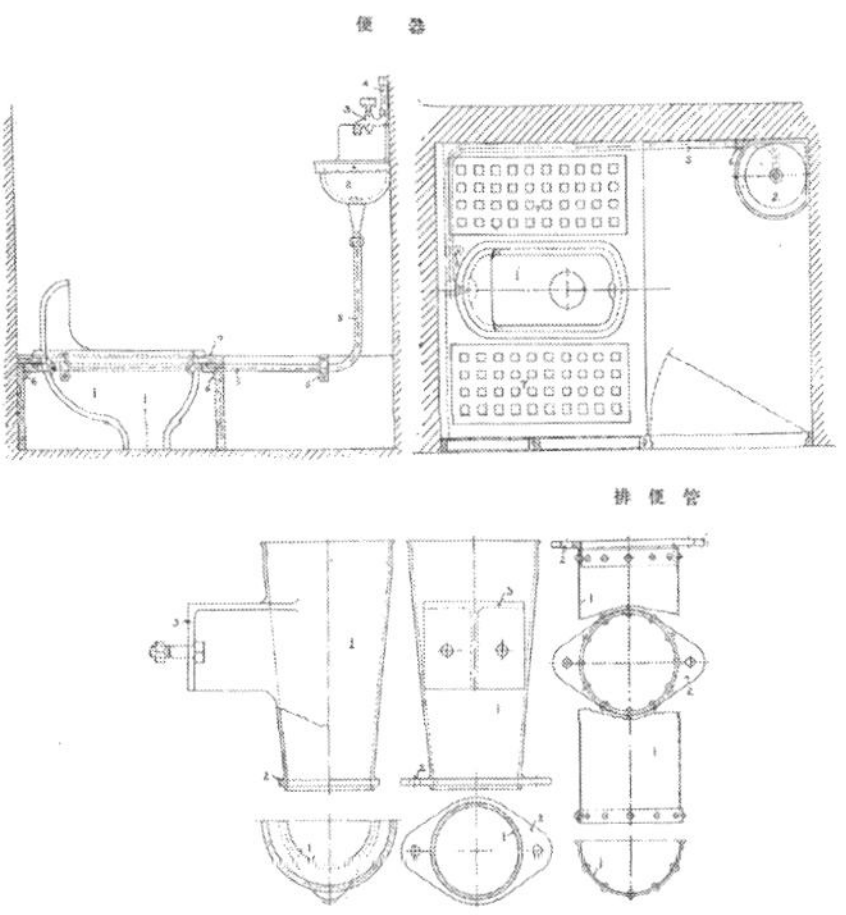

図1・1　大正時代の列車トイレ．汚物排出管（排便管）は直にレールに向かっていた（出典：『客貨車名称図解』）

流され、便器の洗浄には手洗いの水が使用されたようです。

◆垂れ流し列車トイレの問題

1950（昭和25）年9月、当時の徳島医科大学（現・徳島大学）教授の岡芳包《おかよしかね》博士と徳島鉄道病院鼻咽頭科医長の片岡義雄《かたおかよしお》医師らが、走っている列車のトイレから赤インクを垂らし、レール沿いに置いた白い紙にどのように付着するか調査を実施しました。その結果、平地で走っているときはレール沿いにインクが落下するが、列車のすれちがい時やトンネル、鉄橋の走行中にはレール上には落下せず、窓や列車の雨どい部分まで舞い上がることが報告されました。**図1・2**、**1・3**、**1・4**は汚物の飛散状態を示したものです。これらの結果は1951（昭和26）年4月と1952（昭和27）年5月の日本交通災害医学会総会で「列車便所に関する研究」として発表されました。当時の国鉄は路線の延長や新車両の開発などに予算が組まれ、トイレの改良・改善には手が回りませんでした。

藤沢市都市衛生行政協議会（以降、当局とする）は東海道本線を通過する列車が上り81本、下り80本の合計161本の列車から撒き散らされる汚物は44キロリットルにも及ぶとして、当時の国鉄に対策を要望しました。新幹線が開通する前の東海道本線では九州、大阪からの夜行列車が朝に横浜駅や東京駅に到着する前に乗客は小田原～藤沢間で目を覚まし、トイレに向かいました。そのため、この区間の「黄害《おうがい》」は有名でした。当時は11～14両の夜行列車が14、15本この区間を通過していました。

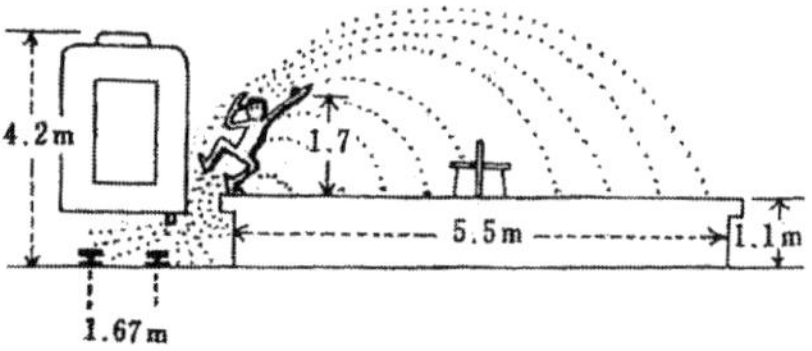

図1・2　列車通過の際のプラットホームにおける汚物の飛散状況（出典：月刊『鉄道ピクトリアル』1968. 11〔No. 216〕）

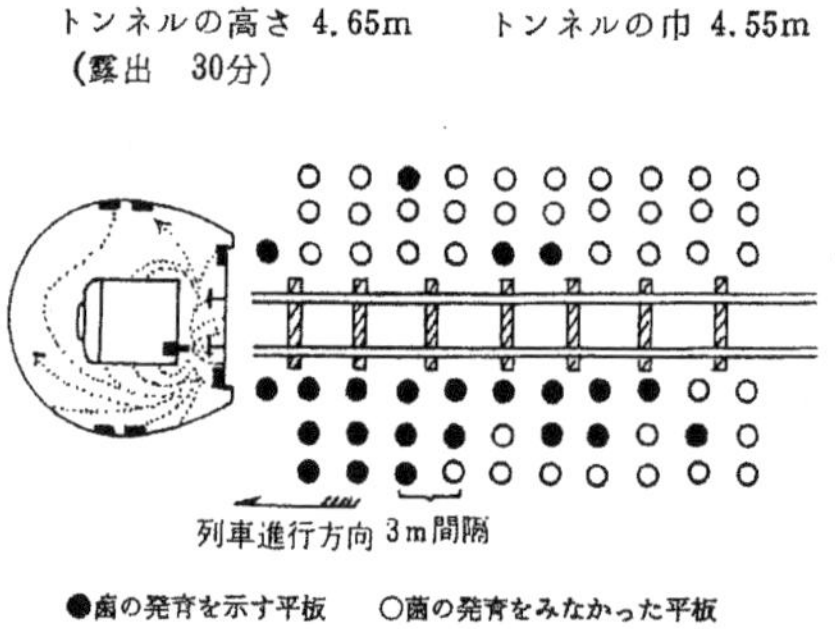

図1・3　トンネル内の汚物の飛散状況（出典：月刊『鉄道ピクトリアル』1968. 11〔No. 216〕）

寝台車の定員の半数がト

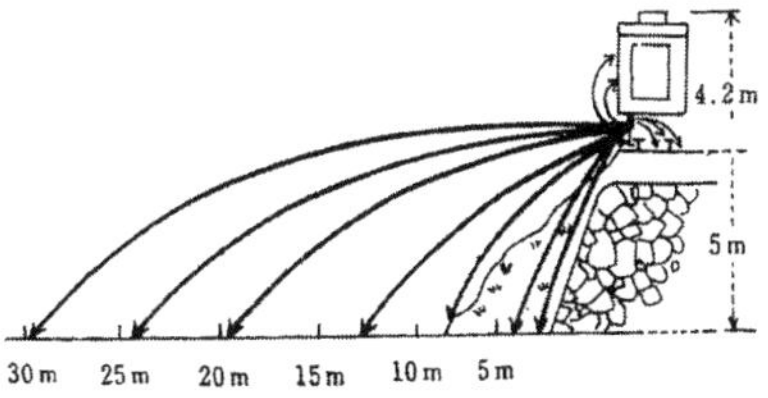

図１・４　ガード上を通過する時の汚物の飛散状況（出典：月刊『鉄道ピクトリアル』1968.11〔No.216〕）

イレに行くことを考えると20名×11両×10本＝２２００人分の汚物が毎日この区間に投棄されることになるのです。また、山陰本線餘部《あまるべ》鉄橋の下の住民からは、列車から撒き散らされる汚物、ビン、弁当箱などの被害が報告されています（16ページ**図1・8**）。

その一方で国鉄事務局は垂れ流し管の改造に取り組み、１９５１（昭和26）年4月16日に大宮〜高崎間で改良型流し管のテストを実施しました。

図1・5（**a**）のマロネフ５９１の汚物流し管は単純に真っ直ぐ汚物をレールに落としていましたが、１９３４〜３７（昭和9〜12）年のスハ32系では**図1・6**に示すように臭気抜き器付き汚物流し管を取り付けました。臭気抜き器は**図1・6**の右端の図に示すように、進行方向から空気が臭気抜き器に入り、汚物流し管に下向きの空気の流れをつくります。この空気の流れによるベンチュリー[1]効果で便器は負圧となり便器の臭気が系外に吸い出されます。**図1・5**（**b**）はクハ８６００１の臭気抜き器です。

1950~52（昭和25~27）年のスハ43系（**図1・7**）では、汚物の飛散を小さくするため、流し管を車体中央線側に925ミリメートル寄せ、さらにレール面に195ミリメートルまで延長するなどの改造を実施しました。

鉄道ファンにとっては、このトイレの垂れ流し管が蒸気機関車の発車音を録音するのに

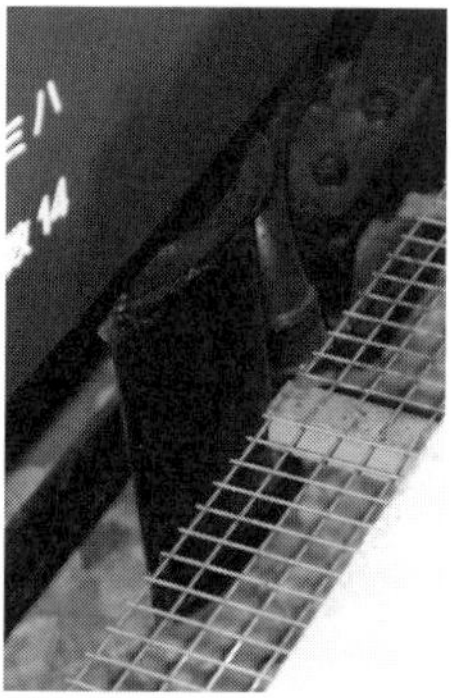

図1・5（a）　マロネフ591の汚物流し管（交通科学館にて）

図1・5（b）　クハ86001の臭気抜き器を装備した汚物流し管（交通科学館にて）

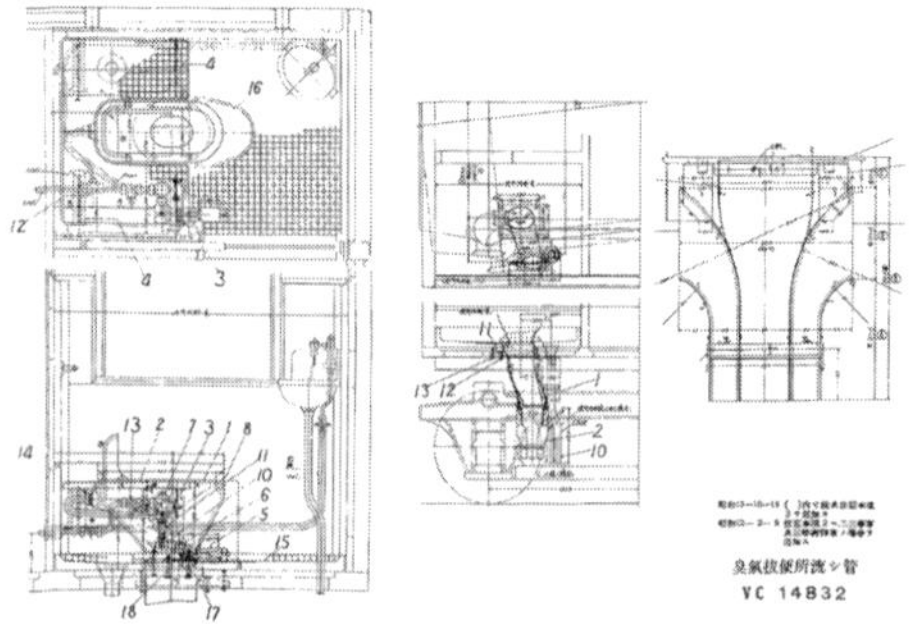

図1・6　スハ32系の列車トイレ流し管
（出典：『客貨車名称図解』）

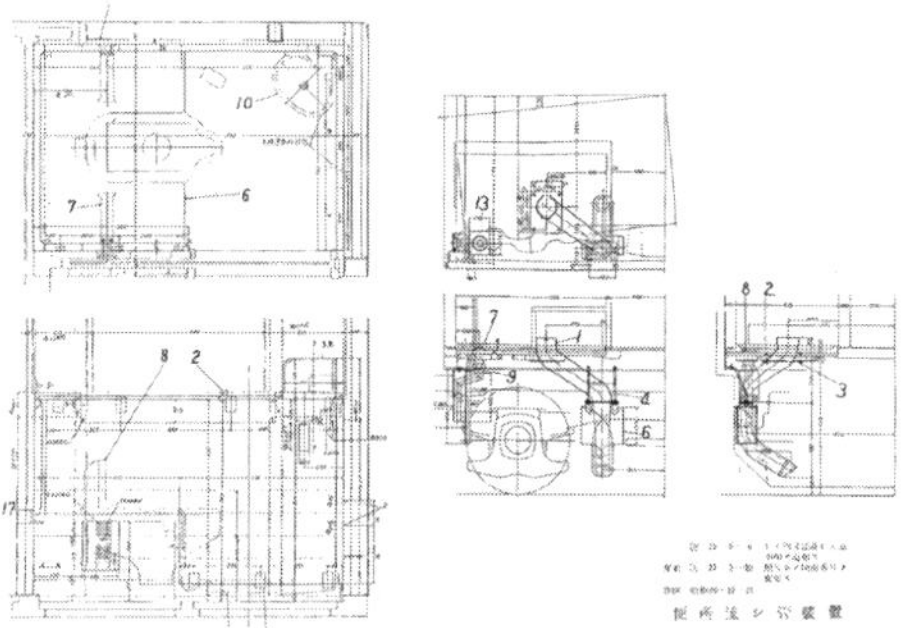

図１・７　1950（昭和25）年ころのスハ43系トイレの改造流し管（出典：『スハ43系客車明細図』）

一番良いところで、蒸気機関車の次位の車両トイレには録音する人たちが順番待ちで並びました。トイレにテープデッキをもち込み、マイクをこの管に入れてレール近くまで延ばし、蒸気機関車のロッドやレール音を録音する。レールに最も近く、パイプで風きり音が遮断されるので録音には最適の場所です。臭いは録音には残りません。

１９６３（昭和38）年９月に岡山県知事三木《みき》行治《ゆきはる》より「列車の便所から放棄される汚物の処理について」という嘆願書が当時の国鉄総裁石田《いしだ》礼助《れいすけ》に提出されました。同年10月にはとくに汚物の飛散が甚しい尾久駅に約１００万円の予算で長さ２３５メートル、高さ１メートルの板塀が急遽、設けられました。１９６５年（昭和40）年６月には清掃法[2]の改正により車両を運行する者に適切な処理が義務付けられました。

◆垂れ流し列車トイレの改善

1958（昭和33）年11月より東京〜大阪間を結ぶ特急電車こだまの運行が開始され、新幹線の建設計画が具体化されると、本格的に汚物処理装置を開発することが至上命令となりました。1959（昭和34）年度で約150万円の予算で汚物を床下のタンクに貯留する「貯留式（タンク式）」と、とりあえずの応急処置として汚物に消毒液をかけた後に外部へ排出する「粉砕式（消毒式）」の試作が開始されました。なお、汚物貯留式と粉砕式の詳細に関しては第2章で説明します。1960（昭和35）年に粉砕式トイレは完成し、こだま型特急（151系電車）とブルートレイン（20系寝台車）に取り付ける計画となりました。しかし、汚物を消毒しても垂れ流しには変わりありません。

私の学生時代1961〜67年（昭和36〜42年）、私の隣の研究室では大阪府から流域下水道基本計画の策定を受託し、トイレからの汚物量や水洗時の水の量を測定する調査を実施していました。当時、厚生省（今は環境省）でも水洗便所の設計基準を決めるため、トイレでの男女別の汚物量の調査を実施し、次の基準を算出しました。

大便が約200グラム／人／回、小便を約300cc／人／回　としたとき

洗浄水を加えた汚水量を2.3～3.4リットル／人／回　とする。

１９６１（昭和36）年7～8月に新幹線車両のトイレを「タンク式」と決定。タンク容量を決めるため、容量５６０リットルの試作2号（試作1号は４２０リットル）のFRP（繊維強化プラスチック）[3]タンクをサロ１５３、サハ１５３に設置して現場調査を実施しました。汚物は車両基地のタンクに回収し、バキューム車で近くのし尿処理場に運んで処理するため、車両設備は簡易化されました。しかし、多客期に汚物があふれ出ることが起こり、新幹線の汚物タンクは1立方メートル以上が必要と決定されました。

同年に新幹線車両のトイレはタンク式に決定しました。一方、在来線の車両は便所の位置がばらばらのため汚物の回収が困難となり、当面はタンク式の採用を見合わせていました。また、タンク式を採用した新幹線でも汚物を1往復毎に車両基地に入区することが車両運用上のネックになっていました。

１９６４（昭和39）年度より直接汚物を粉砕・消毒して垂れ流す「浄化式（日立化成TZ式）」と汚物をタンクに溜め込み、洗浄水は繰り返し利用する「循環式（鉄道車両金具製造、五光製作所）」の比較研究が開始されました。当時はメーカーの関心も高く、三

表1　試作汚物処理装置

	A社	B社	C社
方式	循環式	循環式	浄化式
走行中の排水	なし	なし	あり
タンク	ステンレス製 250ℓ	ステンレス製 340ℓ	FRP製回転式 267ℓ
便器	ステンレス製	陶器製	陶器製
シスタン （上部タンク）	なし	あり	なし
フィルター	回転式	回転式	なし
電動機	DC24V　150W	DC24V　130W	なし
空気弁	なし	なし	あり （薬品攪拌用）
処理薬品	ポリシン （商品名）	パーマケム （商品名）	消石灰 （硫酸第1鉄）
製作会社	鉄道車両金具製造	五光製作所	日立化成
取付車両	ナハ11　2062	ナハ11　2075	ナハ11　2072

1965. 9. 14　臨時車両設計事務所

（出典：月刊『鉄道ピクトリアル』1998. 2〔No. 649〕）

貴産業、トレッスイ工業、富士エンジニアリング、日立化成および鉄道車両金具製造の5社の機械が提案されました。その後、資料を検討した結果、**表1**に示す3社のものをテストすることになりました。

1967（昭和42）年10月より順次、循環式への改造が開始されました。1969（昭和44）年度中には新幹線はすべて循環式に改良されましたが、循環式の実用化には多少時間が必要なため、在来線車両には粉砕式を継続して取り付けることになりました。粉砕式の改良点は、点検蓋の設置、飛散防止覆いの取り付け、異物取り出し装置の取り付け、タンクの大型化、また寒冷地用としてヒーターの設置などが実施されました。一方、在来線車両の循環式への改造は、予算という壁にぶつかっていました。

◆ 垂れ流しトイレの廃止

日本国有鉄道は1968（昭和43）年8月14日の第88回業務運営会議で「大都市発着または通過列車の便所使用制限方法と、汚物処理装置の地上設備の設置方法の検討を急ぐこと」と通達を出しました。これを受けて8月22日には「列車トイレット改良の基本方式」として次の5項目が提示されました。

1. 車両には汚物を貯留して基地に戻ってから処理をする循環方式を採用する
2. 地上設備における処理方式、規模、市町村側との関連調査、などを実施する
3. 粉砕式の今後の処置を検討する
4. 都市部での便所の使用制限を実施する

5. さしあたり東海道線、山陽線から実施する

1968（昭和43）年9月3日の常務会で決定したプロジェクトにより、新幹線に使用した循環式の汚物処理装置の取り付けを行いました。対象車両は利用頻度より①夜行の特急急行、②昼の特急急行、③長距離団体用とし、これら車上設備の改良に350億円、地上設備の新設に450億円で総額800億円となる巨額のプロジェクトとなりました。

1969（昭和44）年度には京都の向日町《むこうまち》、大阪の宮原、東京の品川の3基地に地上設備を設置し、気動車特急「白鳥」「かもめ」、列車急行「銀河」「きたぐに」などに循環式を取り付けました。また1970（昭和45）年度には東京の田町、福岡の南福岡に地上設備の工事を着工するなど、各地で車上設備や地上設備の工事が始まりました。

1986（昭和61）年度末の集計では地上設備は40基地に整備され、汚物処理装置を取り付けた車両は5350両にまで達しました。つまり、国鉄が分割民営化される直前の時点で、全汚物発生量の75％が衛生的に処理できるようになったのです。

◆循環式から真空式へ

国鉄の民営化により車両からの汚物垂れ流し対策はＪＲ各社が引き継ぎましたが、その主流は循環式（**図１・９**）でした。１９８９（平成元）年、国鉄の民営化後初めて「列車用個室便洗ユニットシステム」が寝台特急「北斗星」や「トワイライトエクスプレス」に常備されました。

一方、航空機では水洗用の水を極力少なくする真空式のトイレが主流ですが、列車のように振動がある車両には不向きと言われていました。１９９３（平成５）年ＪＲ九州の車両に日本で初めて真空式トイレユニットシステムの試験が始まりました。その結果、ＪＲ九州特急「つばめ」（７８７系電車）の量産型車両に真空式トイレユニットが取り付けられました。

１９９４（平成６）年にはＪＲ北海道の新型振り子式特急気動車２８１系（スーパー北斗）に「真空ブロワートイレシステム」が常備され、翌年にはＪＲ西日本の新幹線５００系車両に真空式トイレユニットが採用されました。

１９９６（平成８）年にＪＲ東海、ＪＲ西日本の東海道・山陽新幹線７００系車両に真空式トイレユニットが採用され、日本の列車トイレは真空式トイレが主流となりました。

図１・８　山陰本線旧餘部鉄橋を行く旅客列車．乗客が捨てる弁当箱や瓶の投げ捨てが問題となっていました

図１・９　JR東日本・伊勢崎駅に入線するクハ212系中距離通勤電車（左）とその循環式トイレ（右）

表２　在来線汚水処理施設一覧

基地名	処理方法	使用開始	基地名	処理方法	使用開始
札幌運転区	下水道放流	1982. 2	松本運転所	下水道放流	1986. 11
苗穂機関区	下水道放流	1984. 11	長野第一 運転所	下水道放流	1978. 12
釧路運転区	下水道放流	1982. 2	静岡運転所	下水道放流	1986. 10
函館運転所	下水道放流	1984. 2	大垣電車区	下水道放流	1983. 4
青森運転所	河川放流	1980. 11	神領電車区	河川放流	1982. 11
盛岡客貨車区	下水道放流	1983. 12	金沢運転所	下水道放流	1975. 5
秋田運転区	下水道放流	1976. 4	京都電車区 高槻派出	カセット	1986. 3
仙台運転所	下水道放流	1978. 10	網干電車区	カセット	1986. 3
上沼垂運転区	河川放流	1976. 10	向日町運転所	下水道放流	1979. 10
新前橋電車区	下水道放流	1985. 3	宮原客車区	下水道放流	1972. 1
勝田電車区	下水道放流	1985. 3	日根野電車区	河川放流	1979. 3
幕張電車区	河川放流	1972. 7	福知山運転区 福知山支所	下水道放流	1986. 11
小山電車区	下水道放流	1987. 3	出雲運転区	河川放流	1982. 7
東大宮 車両基地	河川放流	1979. 4	岡山運転区	カセット	1987. 1
尾久客車区	下水道放流	1984. 12	広島運転所	下水道放流	1983. 4
田町電車区	下水道放流	1983. 10	下関運転所	下水道放流	1978. 10
東京運転区	下水道放流	1975. 4	高松運転所	下水道放流	1981. 12
大船電車区	河川放流	1979. 10	南福岡電車区	下水道放流	1980. 5
国府津電車区	下水道放流	1986. 10	熊本客貨車区	下水道放流	1986. 11
甲府運転所	カセット	1986. 3	鹿児島運転所	下水道放流	1985. 10

（出典：月刊『鉄道ピクトリアル』1998. 2〔No. 649〕）

現状、日本では垂れ流しの車両は1両もなく、汚物はすべてタンクに貯留されて車両基地で処理されるか、下水放流で処理されています。**表2**は古いですが1987（昭和62）年3月31日現在の国鉄在来線汚水処理設備一覧表です。

1　真空式トイレと同じ原理で空気の流れを狭くすることで（ベンチュリー）負圧をつくり、この力で臭気ガスを取り除く。

2　汚物の衛生的処理と生活環境の清潔による公衆衛生の向上を目的として制定された法律。昭和40年6月に改正され、車両を運用する者に適切な処理を義務付けた。

3　軽量だが強度の低いプラスチックにガラス繊維や炭素繊維などを補強材として埋め込んだ合成樹脂複合材料。車両では重量をできるだけ軽くするため強度があり、荷重の少ないFRPを採用している。

第 2 章

汚物処理の方法

列車トイレとその汚物処理は限られたスペースの中で設置するため、色々な方式が検討されてきました。本章ではその方式を紹介していきます。

◆直接排出式

汚物を洗浄水とともに排出する方式。第1章で紹介したように排出口をレール近くに下げ、ゴム板製の飛散防止カバーを取り付けることで、汚物の飛散をできるだけ小さくしていました。現在、日本ではこの方式の車両はありません。

◆粉砕式（消毒式）

粉砕式汚物処理装置で、便器から流れ出した汚物にベンゾールなどの消毒液を振りかけた後、粉砕機で細かくしながら消毒液と混ぜて一旦タンクに貯え、消毒効果が完了した後に外部へ排出する方法です。昭和30年代の特急こだまや、寝台特急ブルートレインなどに採用されました。しかし、消毒されているとはいえ汚物をばら撒くことには変わりなく、この方式も日本ではなくなりました（**図2・1**）。

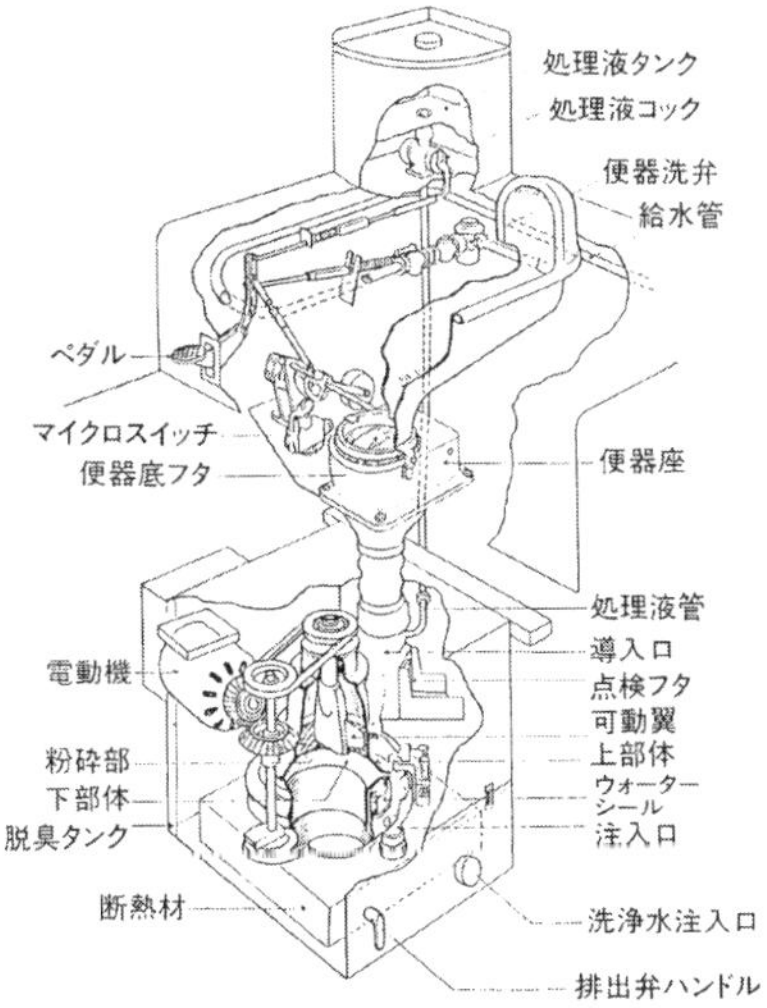

図2・1　粉砕式汚物処理装置（出典：月刊『鉄道ピクトリアル』1998.2〔No. 649〕）

◆貯留式

初期の新幹線の方式で、汚物と洗浄水はすべて床下のタンクに貯留し、これを基地で排出。走行中の排出はまったくなく、車両側の装置はタンクだけのため比較的簡単ですが、タンク容量が大きくなること、基地での汚物受け入れ設備が必要なこと、さらに車両をたびたび基地に入れて汚物を排出する必要がありました。したがって列車の運用が悪くなることで新幹線以外では普及しませんでした。

◆循環式

床下のタンクを小型化するために考案された方式で、あらかじめタンクに薬液をい

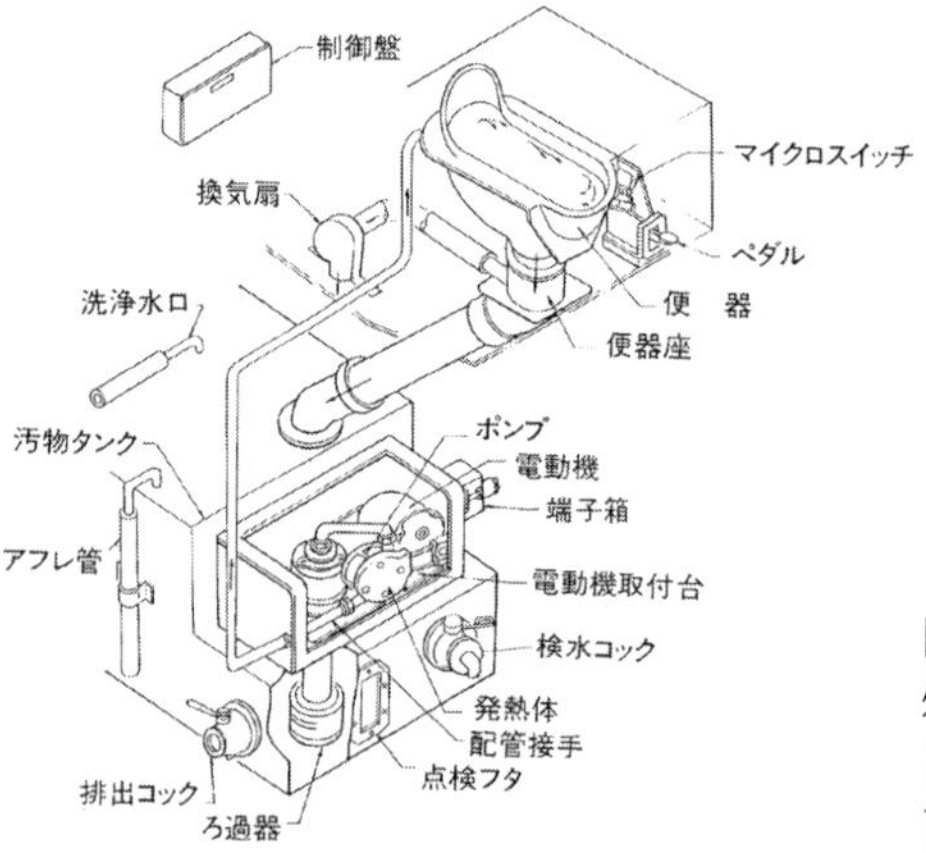

図2・2　循環式汚物処理装置（出典：月刊『鉄道ピクトリアル』1998.2〔No.649〕）

れた水を入れておき、この中に汚物を貯えていきます。便器の洗浄水はタンクの中に設けたフィルターを通して水のみを吸い上げ、繰り返し利用します。タンクの中へ貯えられて増えるのは汚物だけのため、タンクの容量も小さくできます。タンクに入れた薬液には大腸菌などの殺菌、汚物の腐敗防止、汚物の色と臭気の消滅効果があります。平成15年までは、新幹線を始めとするＪＲ各車両にこの方式が採用されてきました（**図2・2、2・3、2・4**）。

◆真空式

航空機に採用されていましたが、日本では五光製作所がスウェーデンのＥｖａｃ社ならびにフィンランドのＥｖａｃ社から技術導入し、初めてＪ

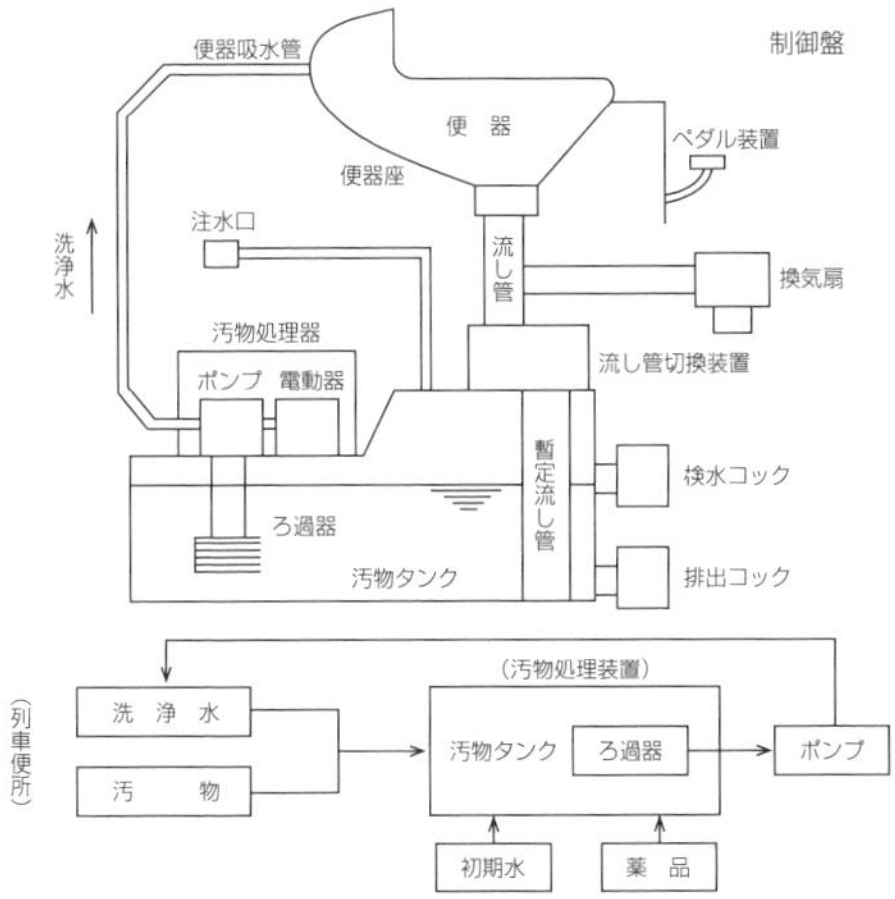

図2・3　循環式汚物処理システム（出典：五光製作所製品カタログをもとに作製）

図2・4　循環式トイレの汚物循環ポンプ．左に見えるスクリーンから汚水を右のポンプで吸い上げ，フランジのパイプで便器につないで汚物を流す

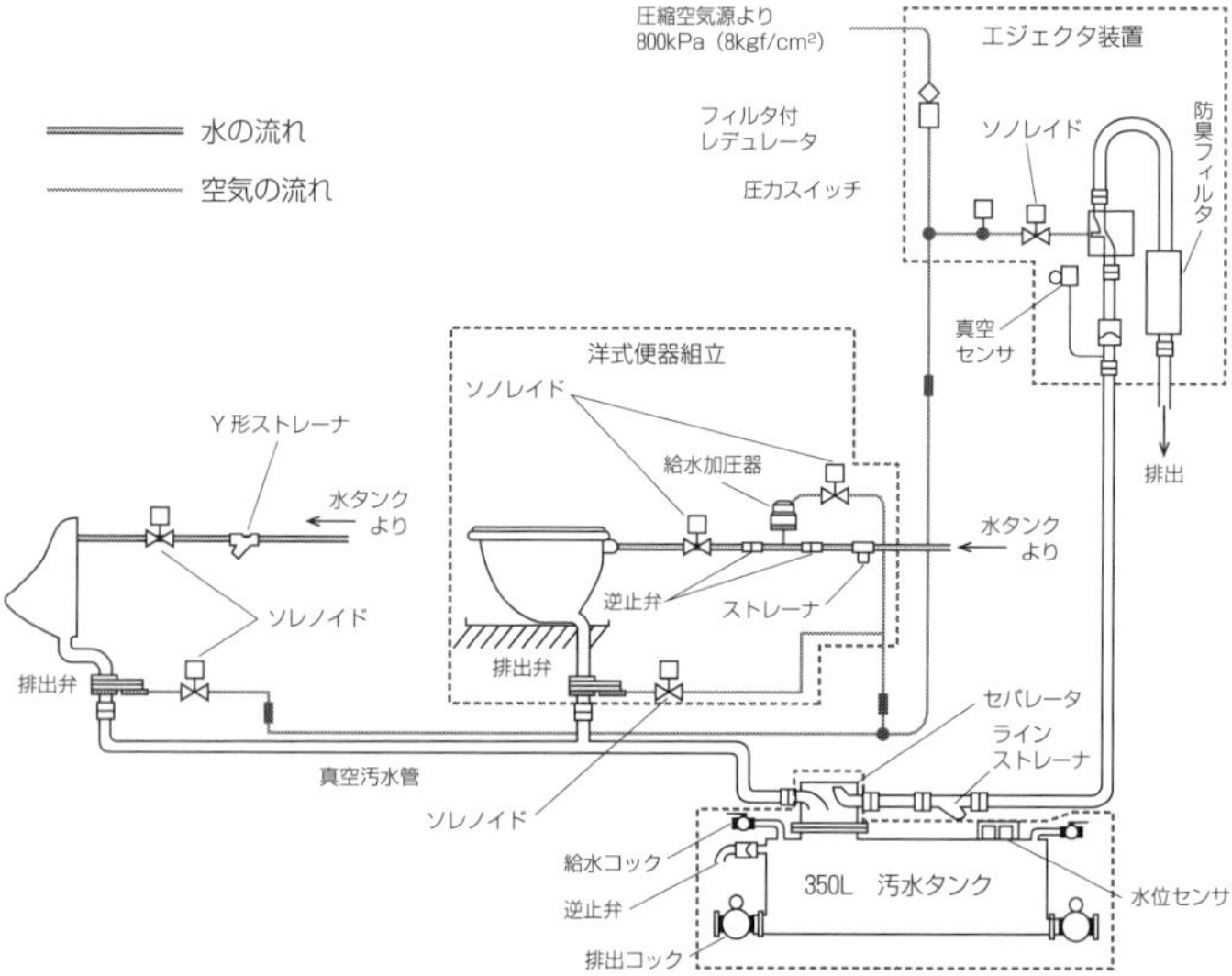

図２・５　真空式汚物処理システム（出典：月刊『鉄道ピクトリアル』1998.2〔No. 649〕）

Ｒ九州で採用されました。３００ｃｃほどの水でトイレの水洗が可能で、水のタンクと汚物貯留槽を小さくすることができます。**図２・５**は真空式トイレユニットのフローシートです。コンプレッサーの空気を用いてエジェクタにより真空を作り、１回ずつ車両タンクに蓄える現在のＪＲの列車トイレの標準になっています。**図２・６**は北陸新幹線Ｅ７系車両のトイレです。２０２０（令和２）年７月から運用されている東海道新幹線の新型車両「Ｎ７００Ｓ」には温水洗浄機能付き暖房便座の洋式ト

図２・６　東京駅に入線する北陸新幹線Ｅ７系（左）とその男女用真空式トイレ（右）

イレが装備されています。

◆燃焼式

汚物を受け皿にのせ、プロパンガスあるいは電熱で燃焼させ、灰にして排出する方式です。アメリカではディーゼル機関車や航空機などで使用されているようですが、危険性のあるプロパンガスは車両には不適当で、さらに燃焼時の臭気の問題があり、日本の車両での採用はありません。一方、家庭用トイレへの採用を目指し、電子レンジ方式などの燃焼式トイレの研究は進められています。

◆まとめ

日本の現状ではＪＲ、私鉄とも列車トイレは１００％循環式か真空式です。汚物は車両に常備されたタンクに貯留され、基地に戻った後にバキューム車で最寄のし尿処理場へ運ぶか、下水処理場で処理されています。その結果、今では列車への安全に気を付ければ、安心してレールに近づき、鉄道写真を撮ることができます。

一方、世界の列車トイレを見ると、欧州のＴＧＶやユーロスターなどの高速列車には真空式トイレなどの汚物貯留式が装備されていますが、その他のインターシティやローカル線の列車には、トイレは常備されていても汚物は垂れ流しです。世界の列車トイレに関しては次章で紹介していきます。

第 3 章

世界の列車トイレ

3-1 ヨーロッパ

イタリア

第2章までは日本の列車トイレについてお話ししてきましたが、本章から世界の列車トイレをご紹介していきます。

まずは、私の娘が在住しているイタリアの列車トイレです。仕事以外の初めての海外観光は、会社からいただいた勤続30年の祝い金を軍資金に娘の案内で妻とミラノ、フィレンツェ、ローマ、ナポリを鉄道で周遊した１９９８年のイタリア旅行でした。定年後はイタリア・ミラノを拠点に、ツアーなどでスイス、ドイツやスペインの各地方都市を合わせて7度ほど旅行しています。

表3　イタリアの鉄道の状況（2013年）

創業	1839年
営業キロ	1万6,752 km
軌道幅	1,435 mm
電化キロ	1万1,969 km
年間旅客輸送量	377億5,200万 人/km
年間貨物輸送量	105億2,090万 t/km

南北に長い国土、四季の変化に富んだ気候といった日本に似た特徴をもつイタリアですが、フランス、スイス、ドイツに隣接する北部は自動車産業や繊維、機械、化学などの工業が発達し、経済的に豊かです。一方、温暖な地中海性気候に恵まれた南部は農業が盛んで、オリーブ、ブドウ、野菜、小麦などの観光産業も重要な収入源になっています。

国土面積は日本とほぼ同等で、人口は6036万8000人（2021年・外務省HP）と比較的豊かな国ですが貧富の差が大きく治安はあまり良くないようです。

◆鉄道事情

イタリアの鉄道の歴史は古く、1839年にナポリ〜ポルティチ間の7.3キロメートルが開通し、その後20年間で1829キロメートルが建設されました（**表3**）。当時のイタリアはシチリア王国、ナポリ王国といった小さな都市国家の集まりで、経済基盤は弱く、2回にわたるイタリア独立戦争で鉄道は重要な役割を果たしました。

1931年に移転改築されたミラノ中央駅の駅舎は壮大で、国力を誇示するために建物全体に豪華絢爛な装飾が施され、ホーム全体を覆う巨大ドームが建設されました。第二次世界大戦で国土の40%にも及ぶ鉄道路線は破壊されましたが、1945年に運輸省によって戦前と同程度まで復旧されました。

北部では電化による鉄道普及が進む一方、南部は幹線以外ほとんど放置されていました。1985年に鉄道は公団になり1992年には株式会社化（国が全株保有）され、EU加盟国としては初めて上下分離が行われ、1998年にはインフラ事業部と3つの運輸事業部、技術部門に分けられましたが、2000年6月に3つの運輸事業部が独立してトレニタリア株式会社（Trenitalia）になりました。

その後、イタリア国鉄を継承したFS（Ferrovie dello Stato）グループは、FSホールディングスの下、インフラを管理するRFI（Rete Ferroviaria Italiana）と鉄道輸送業務を行うトレニタリア社を構成しました。とくに長距離の国際線は航空機に太刀打ちできないため、他のヨーロッパ諸国とのヨーロッパ国際特急（Trans Europ Express：

TEE）に参入し、イタリア北部と近隣諸国間を結んでいます。

イタリア国鉄の軌道幅は1435ミリメートルで営業キロ1万6752キロメートルのうち1万1969キロメートルが電化されており、複線化も6265キロメートルに達しています。

現在は日本と同様、高速鉄道建設が行われており、トリノ～ミラノ～ローマ～サレルノ間を結ぶ南北線とミラノを中心とした東西線は形成されています。日本と異なり、在来線も高速鉄道も同じ軌道幅（1435ミリメートル）なので、高速列車も在来線のホームに入線しています。

イタリア国内は旧国鉄を継承したトレニタリアが在来線と高速鉄道を運営していますが、2012年4月に民間会社のNTV（Nuovo Trasporto Viaggiatori）社が高速鉄道に参入し、イタロの運行を開始しています。

◆高速列車（アルタベロチタAV）

日本の新幹線の成功を受けてヨーロッパ諸国は在来線と並行して踏切のない直線レールを建設し、時速300キロメートル以上の速度で走る高速列車の運行を始めています。E

図3・1　イタリア高速列車を代表するフレッチャ・ロッサ（赤い矢）のETR500．両端電気機関車方式のプッシュプル方式で振り子方式ではないが最高営業運転は時速300 km．プレミアムシートとエクシブルシートを設けた1等車4両と2等車6両に食堂車を加えた11両編成です

U連合では、基本的にEU圏内のレールを同じ軌道幅に統一して国際運用を図っています。とくにフランスはパリを中心にTGV（Train à Grande Vitesse）によるリヨン、マルセイユ、トリノ、ミラノへの運行やベルギーのブリュッセル経由のオランダのアムステルダム、ドーバー海峡のトンネル経由でロンドンまで運行をしています。スペインでは、在来線の軌道幅は1668ミリメートルでしたが高速鉄道はEUと同じ軌道幅の1435ミリメートルで建設し、マドリード～パリやミラノを結ぶ予定です。

イタリアの高速鉄道ではFS社の他にNTV（Nuovo Transporto Viaggiatori）

社の高速列車イタロが運行され、価格競争が激しくなっているようです。

ＦＳ社の運行するＥＴＲ５００フレッチャ・ロッサ（イタリア語で「赤い矢」の意）は営業最高速度時速３００キロメートルで高速新線区間と在来線区間を走行し、両端電気機関車による運転で、全車指定席の1等車4両と2等車6両に食堂車を加えた11両編成でトリノ～ミラノ～ローマ～ナポリ間で使用されています。

ヨーロッパでは機関車による牽引が一般的でしたが、２００８年に日本の新幹線の動力分散型を初めて導入した第3世代の振り子式車両がＥＴＲ６００フィレッチャルジェント（「銀の矢」の意）です。1両あたりの定員数を増やし、高速線路の運行を考慮した交流電源と信号システムに対応しており、最高速度は時速２５０キロメートルです。1等車２両、2等車5両の7両編成で、2等車両のうち1両は半室がバー車両となっています。ローマ～ヴェネツィア間などで活躍しています。いずれの列車でも、高速走行を考慮して車両の両端に真空式トイレが装備されています（**図3・1、3・2**）。

図３・２　ETR500の真空式トイレ

図3・3　ローマ〜フィレンツェ経由ペルージャまで乗車した旧型ユーロスターETR450（左）とその垂れ流しトイレ（右）

◆特急列車（Euro Star：ES）

イタリアの都市間長距離列車で高速鉄道と在来線に運行されている特急車両です。営業速度は時速300キロメートルで運行するETR500のフレッチャ・ビアンカ（「白い矢」の意）は両端電気機関車です。電気機関車を挟む「動力集中方式」で水洗式のトイレで汚物をタンクに蓄えています。しかし、今も現役で運行中の世界初の振り子式の電車である特急ETR450のトイレは水洗式ですが、汚物は垂れ流しでした（**図3・3**）。

◆ユーロシティ（Euro City：EC）

スイス、オーストリア、ドイツ方面に運行されている国際列車です。電気機関車での牽引で各国の車両を楽しめます。昔は国ごとに牽引機関車の交代がありましたが、現在は交代はなく相互に乗り入れています。私の乗車し

図3・4　スペッロ駅〜フィレンツェ駅まで乗車したIC急行（MDVC／MDVE型）（左）とその垂れ流しトイレ（右）

たミラノ〜スイスのシュピーツまでのイタリア車両の列車は国境の駅「ドモドッソラ」駅で機関車の交代をしていましたが、トイレの汚物は垂れ流しでした。スイスのEC急行の車両も汚物管が見える垂れ流し式のトイレでした。

◆インターシティ・ナイト（Inter City Night：ICN）

かつてのユーロスターのETR500フレチャ・ビアンカを牽引していたE414直流電気機関車は、交流方式で建設された高速路線に乗り入れられないため、車両を寝台車に改造して各都市への寝台列車として使用されています。地方に行くと汚物を処理する設備がないため当然、トイレの汚物は垂れ流しです。

寝台列車の汚物管は、日本ではトイレの臭気を車外に

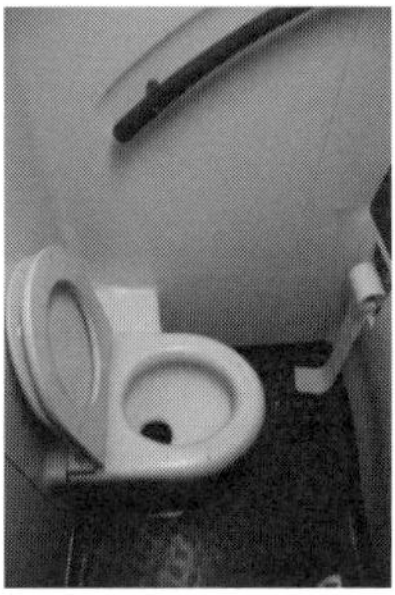
図３・５　ローマの国際空港〜ローマ・テルミニ駅まで運行されているレオナルド・エクスプレス（左）とその垂れ流しトイレ（右）

排出するためエジェクタタイプの装置（臭気抜き器、8ページ**図1・6**参照）を付けていますが、イタリアの汚物流し管は単純にパイプだけでした。

◆インターシティ（Inter City：IC）

イタリア主要各都市を結ぶ長距離急行列車です。全車指定席になっています。**図3・4**はスペッロ駅〜フィレンツェ駅まで乗車したＩＣ急行（ＭＤＶＣ／ＭＤＶＥ型）とその垂れ流しトイレです。また**図3・5**はローマ国際空港〜ローマ・テルミニ駅まで運行されているレオナルド・エクスプレスとその垂れ流しトイレです。イタリアの玄関口をつなぐレオナルド・エクスプレスも当時、トイレの汚物は垂れ流しでした。

◆ローカル線と普通列車

通勤や中距離には電気機関車に牽引されている列車が多くあります。日本のように通勤電車は少ないようです。ローマやミラノなどの大都市では郊外に車を駐車して市内には地下鉄か路面電車で通勤・通学しているようですが、市内は車の渋滞が多いようです。

列車のトイレは車両の両端2か所にありますが、当時はすべてのトイレの汚物が垂れ流しでした。しかし最近はアルストム社製のローカル線専用の車両（メヌエット車）が導入され、近郊の通勤列車に使用されています。運転には電車方式と気動車方式があり、構造はほぼ同じですが、乗車する機会がなくトイレの有無はわかりません。ローカルでの地上設備から考えて、トイレが常備されても汚物は垂れ流しだと思います。次に地方の観光列車を紹介しておきます。

北イタリア・アオスタ～クールマイユール

アオスタ渓谷を行く非電化区間は、古代ローマ時代のアルプス越えの道で、古代ローマの遺や古城が残っています。クールマイユールからは自動車でモンブランの下を抜けてフランスのシャモニーまで行けますが、ケーブルカーとゴンドラで峠越えをお勧めします。

図3・6　ペルージャ・サンナ駅発ペルージャ中央駅行きのローカル気動車と垂れ流し式トイレ．左下の写真は汚物流し管

北イタリア・ラバロ～ヴィアレッジョ

北イタリアのリヴィエラ海岸を行くローカル線で、海岸沿いにトンネルをくぐって走ります。ヴィアレッジョ市のカーニバルで多くの人が乗車していました。

ミラノ～フィレンツェ

ミラノのローカル駅、ポルタ・ジェノヴァ駅の通勤電列車とフィレンツェ駅に到着したローカル列車です。いずれもトイレ設備はついていますが、汚物は垂れ流しです。ミラノ駅では「トイレを使用しないで」との車内放送があります。

フィレンツェ〜アッシジ

フィレンツェからローカル線でキリスト教の巡礼地アッシジまで乗車しました。行きは前述のユーロスターＥＴＲ４５０でしたが、帰りは**図３・６**のローカル列車でした。

シチリア・カターニア〜カルタジローネ

シチリア島のパレルモやシラクーサまではローマやミラノから寝台列車が運行され、電化されていますが、内陸地は非電化気動車による運行です。トイレは常備されていますが汚物は垂れ流しです。

ミラノの私鉄、ノルド線

イタリアではほとんどがＦＳ国鉄路線ですが、ミラノとリゾート地「コモ湖」には私鉄が運行され、イタリア国鉄と競っています。日本と同様、本数も運賃も私鉄が優位です。短距離にかかわらずトイレは汚物垂れ流しの水洗トイレが常備されていました。

◆おわりに

ＥＵ諸国のように陸続きの鉄道や政治不安定なアフリカ諸国の鉄道では、列車のトイレは無銭乗車者、密入国者、麻薬常用者達の隠れ場所になります。とくにイタリアのように駅のホームに自由に出入りできるところでは、犯罪が起こりやすく注意が必要です。そのためホーム停車中はトイレも使用禁止になります。ホームに停車中の列車トイレは鍵がかけられていることがあります。当然、トイレの写真は止まっている方が車両を上手く撮れます。機関車の前で列車を撮るときは愛想よく手を振ってくれた運転手にもトイレの撮影は不信感をもたれます。ミラノ駅では汚物垂れ流し管の写真や、ユーロスターの汚物貯留タンクを探すため車両の下を覗いていると警備員に大声で叱られました。当然、日本語は通じませんし、トイレの調査などと言い訳を話す語学力はありません。日本でもトイレ調査は異端児ですが海外ではもっと理解してもらえません。

このようにイタリアでは各車両にトイレ設備は常備されていますが、高速鉄道以外はまだまだ汚物垂れ流しトイレが多いようです。

スイス

山と湖の国スイスには仕事と観光で2回訪問し、鉄道を利用しました。1度目は1976年6月に下水汚泥の熱処理設備の調査のために1人でチューリッヒ・ベルトヘルツリ下水処理場のファーラ方式[1]の下水汚泥高温熱処理設備を訪れました。2004年の2度目は娘の案内でユングフラウ、マッターホルン、モンブランといったヨーロッパが誇る高嶺を鉄道で巡る観光旅行でした。

スイスは、九州ほどの国土に人口867万人（2020年）が暮らす連邦共和国で、EUにも入らず永久中立国を宣言し、26州で構成された多民族・多言語国家です。酪農、精密機械、金融業と観光産業が盛んな国です。

◆鉄道事情

スイスの鉄道の歴史は古く、1997年にスイス鉄道開業150周年、2005年にアルプスを抜けるシンプロントンネル開通100周年、2007年にはゴッタルドベースト

表4　スイスの鉄道の状況（2013年）

創業	1847年
営業キロ	3,237 km
軌道幅別（軌道幅）	3,139 km（1,435 mm） 98 km（1,000 mm）
年間旅客輸送量	177億7,300万 人/km
年間貨物輸送量	123億1,700万 t/km

ンネルの開通から125周年を迎えました（**表4**）。主幹線はスイス国鉄（Schweizerische Bundesbahnen：SBB）ですが、私鉄が発達しており、観光山ごとに登山列車を走らせ、国鉄が相互乗り入れを行っています。また国際列車が各国から乗り入れたり通過しており、鉄道ファンには嬉しい限りです。

その上、フランスのTGV（Train à Grande Vitesse）、ドイツのICE（Inter City Experimental）、イタリアのユーロシティなどはスイス国内だけなら予約なしで特急料金も払わずに乗車できます。スイス国内は山岳地帯が多く、このような地形の制約から高速運転はできません。そこで路線の改造による鉄道の便宜を図り、利用者アップを目指しています。

観光国なので、列車トイレは日本のように水洗式で汚物は循環式か真空式と思っていました。しかし、前記の国際列車は真空式トイレで汚物はタンク貯留方式ですが、それ以外の国際列車インターシティ、インターシティレギオナルの普通

図３・７　ジュネーブ駅始発バーゼル駅行きのICN621列車トイレ．車窓に見える森林の絵と花模様のある立派な絵が描かれています．トイレの便器には水が溜まっているので水洗式で，汚物はタンクに貯留されていると思われます（亀田泰武氏 提供）

列車のトイレは汚物が垂れ流しでした。列車は線路ごとにトイレ使用禁止区間を定め、社内放送で対応していました。ユングフラウヨッホ駅の山小屋トイレは水洗式で下水管を鉄道路線のトンネル内に設置し、麓の下水処理場に送っています。マッターホルンの山小屋は水洗トイレでしたが、モンブランの山小屋はかつての富士山や国立公園の山小屋と同様に汲み取り式のトイレで強烈な臭気を放っていました（２００４年のことですが）。

◆　最新の鉄道情報

インターシティ６２１（ＩＣＮ６２１）

スイス国鉄がイタリアと共同開発を行った振り子式特急電車です。山岳地帯の改良困難な

図3・8　IC区間急行電車のトイレ

カーブの多い線路を高速走行するために開発されました。最高時速は200キロメートルで、食堂車を含め7両編成でザンクト・ガレン～チューリッヒ～ベルン～ローザンヌ路線のうち、曲線の多いヌーシャテル経由の路線で活躍しています。1等車両には4人掛けの個室もあり、スイス自慢の車両です。トイレの壁には車窓から見える森林の絵と花模様のある立派な絵が描かれています。トイレは水洗式で汚物は貯留式だと思います（**図3・7**）。

インターシティ2000（IC2000）

オール2階建てのインターシティ用の客車です。すべて2階建てにすることにより編成を増やさずに定員を確保しています。通常の1等車と2等車に加え、貨物室付き1等車と制御2等客車（運転室付き）、子供室付き制御2等車両があります。また食堂車は線路の

図3・9　バーゼル駅に到着したスイスのEC特急列車（左）とその真空式トイレと手洗い（右）（亀田泰武氏 提供）

需要に応じて連結されます。2004年現在340両が営業中です（**図3・8**）。

EC（Euro City）特急

スイス国内を行くEC特急です（**図3・9**）。

TGVフランス超高速列車

パリからはディジョン経由でローザンヌやチューリッヒに向かう路線、またパリ～ブール＝カン＝ブレスを経てジュネーブを結ぶ路線にTGVが走っています。もちろんスイス国内はスイス人による運転です（**図3・10**）。

ICE

ドイツの誇るICE特急列車もバーゼル～ベルン～インターラーケン、チューリッヒで運行されています（**図**

3・11）。

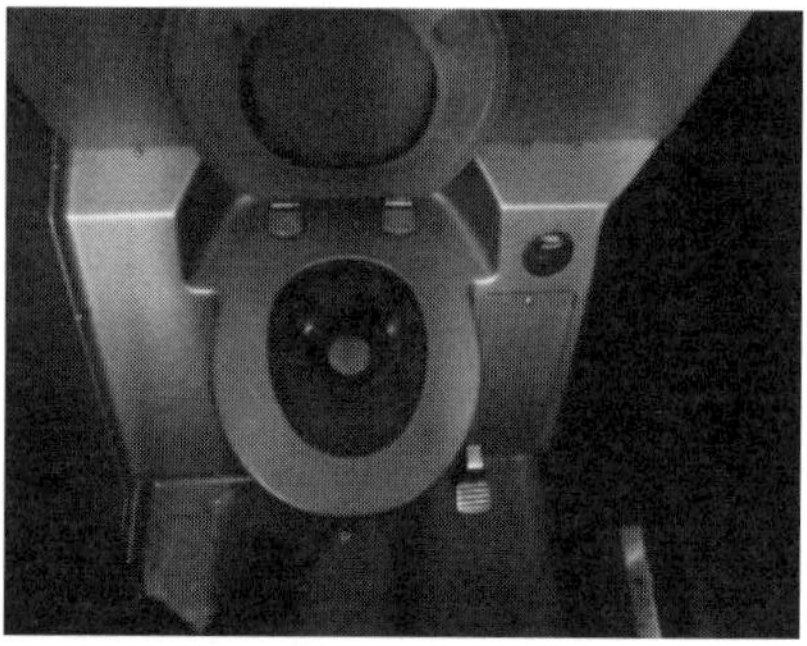

図3・10　ミュールーズ駅からはTGVに乗りチューリッヒに向かう．TGVの列車トイレは真空式です（亀田泰武氏 提供）

C－S（Cisalpino）チザルピーノ

イタリアからはフィレンツェやヴェネツィア～ミラノ経由で長いゴッタルドベーストンネルやシンプロントンネルを抜けてスイスに乗り入れています。

◆スイスの列車旅

シュピーツ～インターラーケン

ユングフラウヨッホへは1976年にはチューリッヒ～ベルン経由、2004年にミラノ～ドモドッソラ～ブリーク経由でインターシティに乗車していきましたが、当時の列車トイレの汚物は垂れ流しででした。

インターラーケン・オスト駅からヨーロッパで最も高所にある鉄道駅ユングフラウヨッホ（標高3454メートル）まで登るのに、ベルナー・オーバーラント鉄道（Berner

Oberland Bahn：ＢＯＢ）、ヴェンゲルアルプ鉄道（Wengernalpbahn：ＷＡＢ）、ユングフラウ鉄道（Jungfraubahn：ＪＢ）の３本の鉄道を乗り継がなければなりません。軌道幅が違うため、乗り換える必要があるわけです。

クライネ・シャイデック駅からユングフラウ鉄道でアイガーグレッチャー駅に到着し、ここからアイガー北壁をトンネルで抜け、ユングフラウヨッホ駅に到着します。このトンネルが開通したのは１９１２年2月でした。トンネルの途中にアイガーヴァント駅があり、トイレ休憩があります。登山鉄道にはトイレがなく、駅でトイレ休憩があったと思います。

図3・11　ドイツIEC特急のトイレ

レッチベルク線

昔からアルプス越えの主要線としてベルン～イタリアに向かう重要な路線です。正確にはトゥーンまではスイス国鉄ですがレッチベルクトンネルを含む路線は民間鉄道です。

ブリーク～ツェルマット

インターラーケンから一旦ベルンに行き、ベルン市内観光後、レッチベルク鉄道（Bern-Lötschberg-Simplon-Bahn：ＢＬＳ、以降ＢＬＳ鉄道）に乗車してマッターホルン・ゴッタルド鉄道（Matterhorn-Gotthard-Bahn：ＭＧＢ、以降ＭＧＢ鉄道）出発駅のブリーク駅まで乗車してマッターホルンに向かいます。ＭＧＢ鉄道はブリーク駅～フィスプ駅までＢＬＳ鉄道と並行して走りますので、ＢＬＳ鉄道のベルン、チューリッヒ行きの国際列車を見ることができます。私の乗車したＭＧＢ鉄道は急勾配をラックレールで上り、マッターホルン登山口のツェルマット駅に向かいます。当時の登山鉄道にトイレ設備はありませんでした。

ブリーク～マルティニ

ブリークからはスイス国鉄に乗車し、60キロメートルをモンブラン鉄道の乗車駅までローヌ川沿いに下っていきます。

モンブラン急行

マルティニ駅からフランスの国境ル・シャトラール駅までですが、ほとんどの列車はフランス領シャモニーまで乗り入れています。最大勾配200パーミルをラックレール[2]で噛みながら登っていき、アルプスの最高峰モンブランの麓のシャモニーに向かいます。私が乗車したときにも列車にはトイレ設備がなく、駅の設備での対応でした。我々はシャモニーからバスでトンネルを抜けて、イタリアのクールマイユールに向かいました。

氷河鉄道

スイスで有名なのがこの氷河鉄道です。マッターホルンの麓のツェルマット駅からベルニナ急行の運行されているサンモリッツ駅まで269キロメートルを約8時間、平均時速34キロメートルで結ぶ急行で、MGB鉄道とレーティッシュ鉄道（Rhätische Bahn：RHB）の2社で運行されています。同じ軌道幅の路線を通りますが、急勾配をラックレールで上るので電気機関車による牽引です。電気機関車はディゼンティス・ミュンスター駅で交換します。2006年に全車パノラマ編成の1、2等車両になりました。食堂車は廃止されましたが、厨房から食事を運んでくれます。座席は自由席と指定席があり、

図3・12　ツェルマット駅で発車を待つ氷河急行（左）．右は氷河鉄道最後尾の1等車両の真空式トイレ（亀田泰武氏 提供）

空いていればどの席にでも座れますが、日本からは指定席を手配しておく方が安心です。8時間の乗車ですので当然、列車トイレは常備されており、真空式トイレでした（**図3・12**）。

ゴールデンパス・ライン

レマン湖畔のモントルー駅～シュピーツ駅、インターラーケン・オスト駅、マイリンゲン駅経由のルツェルン駅までの全長254キロメートル、3社の路線をまたぐ観光列車です。列車は「ゴールデンパス」の名の通りゴールドカラーをベースに統一されていますが、直通運転はできません。この路線のモントルー・オーベラン・ベルノワ鉄道（軌道幅：1000ミリメートル）、モントルー～ツヴァイメン間はジンメンタール鉄道（軌道幅：1435ミリメートル）、ツヴァイジメン～シュピーツ間はスイスきっての大手私鉄であるレッチベルク鉄道（軌道幅：１４３５ミリメートル）でシュピーツ～インタラーケン・オスト間の軌道幅は１４３５ミリメートルですが、インタラーケン・オスト～ルツェルン間はスイス国鉄（軌道幅は１０００ミリメートル）の３社の私鉄と国鉄を乗り継ぐため、最低でも３回は乗り換える必要があります。運行は１日３往復で約７時間の乗車になります。

◆おわりに

スイスは車より鉄道での移動が便利です。鉄道は山岳区間を走るので時間はかかりますが運行時間は正確で、パルスタイムテーブルシステムの採用で非常に利用しやすくなっています。とくにチューリッヒ、ベルン、ジュネーブなどの主要都市では各方面から同時到着、または同時に出発と乗り換え時間を考慮した運転システムで出発時間も00、30とわかりやすく便宜を図っています。ただ駅での乗車券および指定券の購入には時間がかかりますので、インターネットでの手配をお勧めします。窓口は人が何人並んでいても時間が来れば閉まってしまいます。

【情報提供：ＮＰＯ法人21世紀水倶楽部元理事長・亀田泰武氏／京都大学鉄道研究部ＯＢ・藤村作郎氏】

1　汚泥を高温高圧下（200℃、20キログラム／センチメートル）で処理して無薬注で脱水する方法。

2　急勾配を登るためにレールの中央部に梯子状（ラック）を設置し、そこに歯車状の車輪をかみ合わせて登る方法。日本で旧信越本線の横川駅～軽井沢駅間が有名です。

3　駅の発車時間を00、30にしてわかりやすくするシステム。

フランス

私はフランスには1976年6月と1977年5月にパリの「アシェール下水処理場」の下水汚泥流動焼却炉や汚泥熱処理プラントの調査に2回ほど行きましたが、言葉がまったく通用せず、鉄道に乗車することができませんでした。

◆鉄道事情

フランスの鉄道は、イギリスに続き歴史は古く1828年に鉱山鉄道として開業しています（**表5**）。当初はすべて民間によって建設されていましたが、第二次世界大戦中の1938年に人民戦線内閣のもとで全国の鉄道を統合してフランス国鉄（Société Nationale des Chemins de fer Français：SNCF）が誕生しました。1970年以降、日本と同様に動力と路線の近代化を進め、現在は、営業キロ3万キロメートル、電化区間が1.3万キロメートルあまりで推移しています。軌道幅は日本の新幹線と同じ1435ミリメートルがメインで、一部、1000ミリメートルの軌道幅があります。

表5　フランスの鉄道の状況（2013年）

創業	1828年
営業キロ 　軌道幅別（軌道幅）	2万9,776 km 　2万9,609 km（1,435 mm） 　167 km（1,000 mm）
電化キロ	9,676 km（AC 25 kV 50 Hz） 5,905 km（DC 1.5 kV） 122 km（その他）
年間旅客輸送量	847億7,700万 人/km
年間貨物輸送量	194億9,840万 t /km

フランスの鉄道といえばTGV（Train à Grande Vitesse）による高速鉄道ですが、日本と同様に鉄道への依存度は低く、国の援助のもと1997年に構造改革を行い、上下分離により鉄道インフラはフランス鉄道路線公社（Réseau Ferré de France：RFF）と、鉄道輸送事業のみを行う公共事業体フランス国鉄とになっています。

◆高速鉄道

フランスの高速鉄道はもちろんTGVです。日本の新幹線の成功を追いつけ追い越せと時速260キロメートルで1981年に走り始めました。編成前後に動力車を付けた動力集中方式、連節台車、2編成併結運転など日本の新幹線と異なる方式で、1990年5月18日にはTGV-A（TGA Atlantique）

により鉄輸送方式の世界最高速度515・3キロメートルを記録しています。高速鉄道網はパリを中心に東西南北に広がっており、在来線と同じ軌道ですので各都市の主要駅にまで乗り入れが可能です。

図3・13　2階建て電車の列車トイレ．鍵が掛かっており中のトイレは確認できませんが汚物は垂れ流しです（亀田泰武氏 提供）

パリ〜シャルル・ド・ゴール空港やパリ〜リオンの地中海線には輸送力増強のために、1996年にオール2階建てのTGV‐デュプレックス（TGV Duplex）が開発され、2編成連結で運行されています（**図3・13**）。

今、フランス国鉄は日本の新幹線と同じ動力分散方式のTGVを開発中です。他国ではTGVから派生されたAVE（スペイン）、タリス（ベルギー・オランダ・ドイツ）、ユーロスター（イギリス）、KTX（韓国）などが活躍中で、日本の新幹線のライバルとなっています。

TGVの列車トイレはすべて真空式トイレで

タンクに溜められ、それぞれの車両基地で引き抜かれ処理されているようです（**図3・14**）。

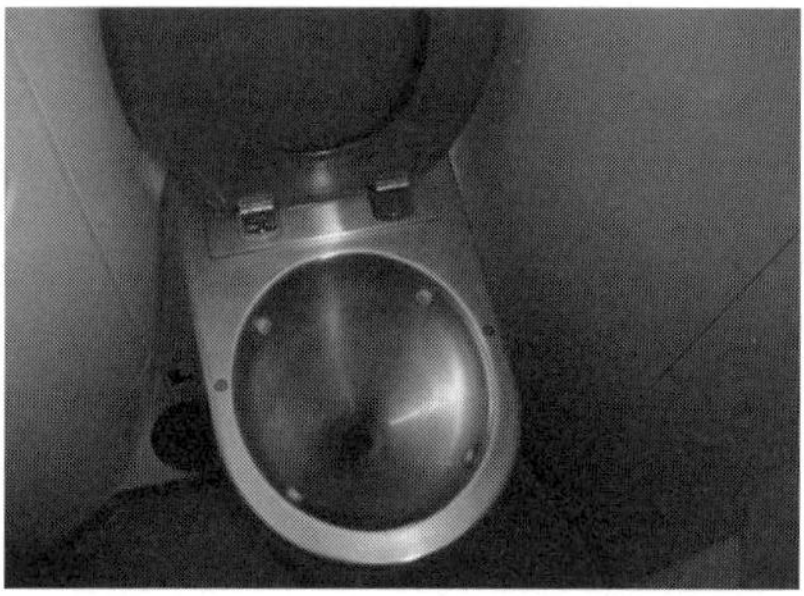

図3・14　同列車の真空式トイレ（亀田泰武氏 提供）

◆国際長距離列車

かつてはパリ東駅～イスタンブール・シルケジ駅まで運行されていたオリエンタル急行はヴェネツィア発になりましたが、週に2回（夏には3回）パリ東駅発モスクワ行きが、ベルリン行き編成とミュンヘン行き編成との間に挟まれ、新しい寝台列車として運行されています。また、もう一本は週1回ニース駅発モスクワ行きがミラノ、ヴェローナを経由しブレンナー峠を超えてウィーン、チェコを経て、ブレストで台車を交換してモスクワへ2日間をかけて運行されています。モスクワ～ブレスト間はロシアの食堂車、ワルシャワ～ニース間はポーランドの食堂車が連結されているそうです。

◆ローカル鉄道

フランス国鉄は行先によりパリに6の駅をもっています。時計方向に北駅、東駅、リヨン駅、オーステルリッツ駅、モンパルナス駅、サン・ラザール駅です。

◆おわりに

フランス国鉄の列車トイレは、高速鉄道のTGVや新型車両は真空式トイレで環境改善に取り組んでいますが、多くの旧型車両のトイレの汚物は垂れ流しです。

SNCFは地上設備の整備に取り組んでいますが、営業成績の良い高速鉄道のTGVは航空機と競合しており、首都圏旅客輸送は、乗客の4分の3は割引料金を利用して運賃収入は運営費の40%しか賄えず、残りの費用は交通賦課金と公的負担に頼っている苦しい経営状態です。

またフランス国鉄は鉄道貨物輸送も担当しています。鉄道貨物は国内の輸送市場の2割を占めているものの貨物部門の成績は悪く、こちらも国の援助のもとに苦しい経営を強いられているようです。

【情報提供：NPO法人21世紀水倶楽部元理事長・亀田泰武氏／京大鉄道研究会OB・平澤義也氏】

ドイツ

ドイツには2回訪問しています。初めて出かけたのが1976年6月で、フランクフルトで開催された機械・プラントの展示会「アヘマ」への視察団としての参加です。2回目は2003年5月のミュンヘンでのアヘマ視察です。このときは仕事のため、列車トイレを見る時間はありませんでしたが、鉄道写真の撮影には出かけました。

ドイツはヨーロッパの中央部に位置し、ライン川以東、ドナウ川以北はゲルマン民族の土地で4世紀にフランク王国に統合されました。10世紀後半に始まる神聖ローマ帝国は今のドイツ全土を統一し、1871年にドイツ帝国が成立しました。ドイツの特徴は、全土に都市が分散し中心になる都市がないので、文化、政治、金融そして産業のすべてが分散しています。

◆鉄道事情

ドイツの鉄道はイギリス、フランスについで1835年にニュルンベルク近郊で創業し

表6　ドイツの鉄道の状況（2013年）

創業	1835年
営業キロ 　軌道幅	3万3,295 km 　1,435 mm
電化キロ	1万9,806 km（AC 15 kV） 　　　24 km（DC 25 kV）
年間旅客輸送量	803億4,500万 人/km
年間貨物輸送量	1,042億5,900万 t/km

ました（**表6**）。第二次世界大戦により鉄道施設は壊滅的な打撃を受けて東西に分裂し、西ドイツはドイツ連邦鉄道をＤＢ（Deutsche Bundesbahn）に、東ドイツはドイツ帝国鉄道を引き継いでＤＲ（Deutsche Reichsbahn）となりました。独立採算制を原則とするＤＢは労働問題を始めとして、長期債務額が急上昇し経営破綻があきらかになり、１９９１年には鉄道の企業性を発揮するためＤＢとＤＲを統合し「ドイツ鉄道株式会社」に改組、最終的にはすべて民間に売却しました。こうしてＤＢとＤＲの統合により線路部門と輸送部門が分離独立することになり、１９９４年１月、ドイツ鉄道株式会社（Deutsche Bahn AG：ＤＢＡＧ）が創設され、ここにＤＢは設立から45年を経て公企業から株式会社に移行しました。１９９９年７月にドイツ鉄道株式会社は持ち株会社となり、長距離旅客輸送を担当する「ＤＢ旅行／観光株式会社」、近距離旅客輸送を担当するＤ

B地域旅客株式会社、貨物輸送を担当するDB貨物株式会社、鉄道路線施設を建設、維持・管理し、輸送業者に貸し付ける「DB路線株式会社」、さらに駅施設を保有・管理して貸し付ける「DB・サービス株式会社」の5社を傘下に置きました。DB貨物は最近、オランダおよびデンマークの貨物部門を買収し「ドイツレイリオン」と名称を変えています。ドイツ鉄道株式会社は一時期、黒字を計上していましたが、2000年以降その経営は赤字に転じました。

◆ドイツ鉄道の現状

ヨーロッパの自動車産業メーカーとしてのドイツは、アメリカと同様、高速道路による自動車移動が8割を占め鉄道輸送のシェアは8%程度です。しかし、貨物輸送は17%を占めています。一方で日本の新幹線の成功の影響をうけて高速鉄道の開発に力を入れていま す。軌道が在来線と同じ1435ミリメートルですので既設駅へのホームに乗り入れが可能です。

◆高速鉄道（ICE）

２００１年現在の鉄道営業キロは３万５９８６キロメートル、軌道幅は１４３５ミリメートルで同じ軌道の高速新線建設に取り組んでおり、現在はアーヘン～ケルン～フランクフルト間の１８０キロメートル、ハノーファー～ベルリン間の２２８キロメートル、ニュルンベルク～ミュンヘン間の１７０・８キロメートルが営業しており（２０１３年現在）、当初は高速車両として電気機関車によるプッシュプール方式のＩＣＥ１型を開発しました。これは時速２８０キロメートルの高速列車でしたが、１９９８年６月３日に１号車両の車輪の破損で１０１人が死亡する大事故を起こしました。そのため高速車両の開発はかなり遅れましたが、第２世代として車両の分割可能なＩＣＥ２型（動力集中型）が登場しています。今は日本の新幹線方式と同じ動力分散方式でＩＣＥ３型の改良型となる４０７型（最高時速３２０キロメートル、４電源方式）営業最高時速３００キロメートルの運行を行っています。いずれもシー

図３・15　左がICE２型（電気機関車牽引），右がICE３型（動力分散型）（亀田泰武氏 提供）

メンス社製の車両でDBフェルンフェアケーア（DB Fernverkehr）が運行しています。しかしドイツ鉄道株式会社の経営は厳しく、高速鉄道の整備に重点をおいていますが、政府の財政難から投資資金の不足が深刻な問題になっています（**図3・15、3・16**）。

図３・16　ICE525の１等車両の立派な真空式トイレ（亀田泰武氏 提供）

◆都市間旅客輸送

１９７１年から運行されているインターシティ（Inter City：ＩＣ）はインターシティエクスプレス（Inter City Express：ＩＣＥ）を補填する地方向けの優等列車です。ＩＣＥが運行されていないローカル線や、幹線でのＩＣＥが停車しない駅への運行を担っています。ＩＣよりもややローカルな街を結んで長距離を走りぬける急行がインターレギオ（Inter Regio：ＩＲ）です。

◆おわりに

私が訪問した１９７６年のドイツの列車トイレの汚物は垂れ流しでしたが、現在の列車トイレは異なるようです。また鉄道技術はフランス、イタリア、スペインの競争は激しいです。イギリスでは日本の日立製作所が高速鉄道車両や通勤電車を現地で生産しています。

【情報提供：ＮＰＯ法人21世紀水倶楽部元理事長・亀田泰武氏】

ベルギー

ベルギーはヨーロッパ北西部北海に面する王国で、人口1152万人（2021年）、国土約3万平方キロメートル、四国の1.5倍ほどの面積があります。日本の皇室とは関係が深く1996年10月24日にベルギー国王ご乗車のEF5861号機＋1号編成によるお召し列車が運行されています。長くスペイン領でしたが、19世紀初頭にオランダの統治下に入り1830年に独立し永世中立国となりました。しかし、第一次・第二次世界大戦でドイツの侵略を受けてその後は独立をして集団安全保障に転換しています。産業は石油化学、非金属、繊維といった加工貿易が中心で貿易依存度が8割を超えている豊かな国で、首都ブリュッセルにはEU本部があります。

◆鉄道事情

ベルギーの鉄道は主に国有鉄道で運営されており、その運営業路線は3536キロメートルです（**表7**）。各駅に改札はありませんが、列車に乗車するときには必ず切符を購入

表7　ベルギーの鉄道の状況（2013年）

創業	1835年
営業キロ 　軌道幅	3,595 km 　1,435 mm
電化キロ	2,495 km（DC 3 kV） 　460 km（AC 25 kV 50 Hz）
年間旅客輸送量	108億8,600万 人/km
年間貨物輸送量	49億4,100万 t /km

しておかないと車内検察で運賃の数倍の罰金が無条件で科せられます。

ベルギーは、ヨーロッパ大陸で最も早く鉄道による旅客輸送を開始した国です。1835年にブリュッセル～メヘレン間（延長23キロメートル）にイギリスから輸入した蒸気機関車で開通しました。ベルギーは地理的にヨーロッパの十字路といえる位置にあることから、ブリュッセルを起点に国際幹線は放射状に延びています。

ベルギーの国際列車として有名なのが3国共有運用の高速列車「タリス」です。タリスは1996年にパリ～ブリュッセル間で一部がアムステルダムおよびケルンまで足を延ばしています。タリスの車両はフランスのTGVと基本的には同じ仕様で、アムステルダムおよびケルンまで行く車両は3電源用および4電源用です。現在ブリュッセル～アムステルダム間に高速専用線が建設されており、パリ～アムステルダム間の移動時間も短縮されるでしょう。タリスの列車トイレは少量の水で水洗できる真空式で、汚物はタンクに貯留されています。

また、ローカル線も直流電化方式で整備されており、トイレも貯留式のようです（**図3・17**、**3・18**）。ベルギーは国土の平方キロメートルあたりの鉄道延長距離は世界でもきわめて密度が高く、スイスと同様に鉄道依存度の高い国です。

◆おわりに

ヨーロッパの中心となるブリュッセルはタリス、ユーロスター、ドイツのインターシティエクスプレス、フランスのTGVの4種類の高速列車が集まる拠点で、鉄道依存度も大きい国です。小さな国土ながらも高度に工業化された地域が多く、鉄道網が張りめぐされています。オランダと同様に長距離路線はなく、プッシュプル方式の列車か電車による運行でトイレ設備のない列車も多いと思います。

図３・17　ブルージュ駅に停車していた急行列車の車両．編成の両端に電気機関車を設けてプッシュプル方式の運転です（亀田泰武氏 提供）

図３・18　同列車のドアの踏み台とトイレの下の汚物取り出し用のボール弁（亀田泰武氏 提供）

オランダ

図3・19　エンクハイゼン駅での急行列車（左）とそのトイレ（右）（亀田泰武氏 提供）

国土4万1864平方キロメートルで九州とほぼ同じ面積に人口1747万人（2021年）が住む、人口密度の高い国です。日本とは鎖国していた江戸時代からの付き合いです。1602年に株式会社の起源とされる東インド会社を設立して世界に進出し、各地に植民地を保有しました。イギリスとの競争に敗れた後も植民地を保有し続け、現在も石油などをオランダにもたらし、石油化学や電機、食品など世界的企業の本拠があります。昔から貿易で栄えた王国で、風車による観光とお菓子で栄えています。

◆鉄道事情

国土のほとんどが平坦で海面下の土地が多く地盤は柔ら

表8　オランダの鉄道の状況（2013年）

創業	1839年
営業キロ	2,896 km
軌道幅	1,435 mm
電化キロ	2,064 km（DC 1.5 kV） 131 km（AC 25 kV 50 Hz）
年間旅客輸送量	170億1,800万 人/km
年間貨物輸送量	33億7,800万 t /km

かく不安定なため、鉄道施設の建設には路盤の改良が必要となっています（**表8**）。鉄道路線は全土に広がっており、4大都市のアムステルダム、ロッテルダム、デン・ハーグおよびユトレヒトを結ぶ国内路線を中心に、多数の電車が運行されています。また各都市には地下鉄やトラム（路面電車）の設備が整っています。しかし、列車トイレの汚物は垂れ流し方式が残っているようです。

◆おわりに

頭文字を結んでベネルクス（ベルギー・オランダ・ルクセンブルク）とよばれ、政治経済的な結び付きが強い3か国ですが、鉄道もフランス、ドイツ、イギリスとの国際高速鉄道が運行されています。すでに鉄道路線網は完備されており、列車トイレの汚物は垂れ流しもなくなっているのではと思います（**図3・19**）。

スペイン

２００８年12月にスペインの高速鉄道ＡＶＥ（Alta Velocidad Española）にコルトバからマドリードまで乗車することができました。もちろん訪ねるのは列車トイレです。スペインはフェニキア人による古代都市建設、ローマ帝国の支配や西ゴート王国などの歴史を経た後、長年イスラム教勢力と戦ってきましたが、コロンブスのアメリカ大陸到着後、大航海時代で中南米各地を植民地化し新大陸から金、銀などを確保して栄えました。しかし18世紀以降は各地で独立運動が始まり、１９３１年にスペイン共和国が誕生しました。

◆鉄道事情

スペインの国鉄（Red Nacional de los Ferrocarriles Espan oles：ＲＥＮＦＥ）は広軌（１６６８ミリメートル）を採用していますが、高速鉄道のＡＶＥは日本の新幹線と同様の標準軌（１４３５ミリメートル）で建設されました（**表9**）。将来、ＥＵ諸国の都市間を高速鉄道でつなぐためです。

表9　スペインの鉄道の状況（2013年）

創業	1848年
営業キロ	1万4,512 km
軌道幅別（軌道幅）	1万1,173 km（1,668 mm） 2,044 km（1,435 mm） 1,295 km（1,000 mm）
電化区間	6,466 km（DC 3 kV） 2,044 km（AC 25 kV 50 Hz） 412 km（DC 1.5 kV）
年間旅客輸送量	237億 人/km
年間貨物輸送量	93億 t /km

スペインの国鉄はマドリードを中心とした鉄道路線網が整備されており、400キロメートル以上の長距離を走る特急、急行、夜行寝台などの長距離線、また都市と地方を結ぶ中距離線さらにマドリードやバルセロナなどの大都市と地方を結ぶ通勤用の近郊線および貨物・ロジスティクスなどの4事業部門に分かれています。

◆高速鉄道AVE

1992年にマドリード〜セビリア間で開業した高速鉄道AVEは両都市間の移動を4時間近く短縮させ、一躍スペインの高速鉄道の必要性が認められました。2015年までに首都マドリード〜トレド（2005年）、マラガ（2007年）、バリャドリッド（2007年）、バ

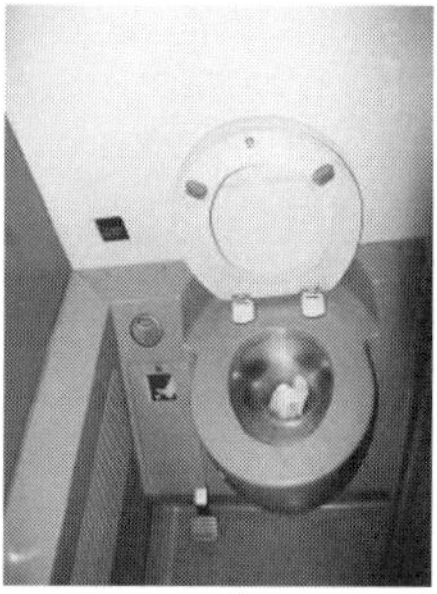

図3・20　マドリード・アートチャ駅に到着したS103ドイツシーメンス製（左）とその洋式トイレ（右）

ルセロナ（2008年）、バレンシア（2010年）といった大都市向け放射状に高速鉄道が整備されました。2013年にはフランス国境の町フィゲレスまで延伸されAVEがフランスの大都市パリ、リヨン、トゥールーズ、マルセイユとの国際直通運転が開始されました。

AVEは日本の新幹線と同様で専用軌道を走るため、運転時間は正確です。5分以上遅れると料金を払い戻すそうです。マドリードのアトーチャ駅やコルドバ駅は在来線のホームと同じ地上駅であり、乗換えが便利です。しかし、在来線のホームへの出入りは自由ですが高速鉄道の改札は厳しく、飛行機並みの身体検査と荷物検査があります。私の乗車したレンフェ103系（S103）はドイツのシーメンス製で、トイレは車両の両端2か所にあり、運転距離が短かったのか非常に清潔でした。トイレ室内にはトイレットペーパーはもちろん洗面所と手の乾燥機が付いていました。真空式のトイレで汚物はタンクに蓄えられているようです（**図３・20**）。

◆在来線

高速鉄道はＥＵとの協定で軌道が１４３５ミリメートルですが、スペインの在来線の軌道幅は１６６８ミリメートルに留め、相互乗り入れはできません。そこで１９６０年代から列車軌道可変技術の開発が進められています。在来線と高速新線を軌道可変車輌で走行する「アルビア〔Alvia〕」（高速新線時：時速２５０キロメートル、在来線走行時：時速２００キロメートル）が運行されています。このようにスペインではヨーロッパ諸国に比べ、多様な高速車両が開発されています。

図３・21　セルビア駅での長距離線の列車（写真左）と近郊線の電車（写真右）（亀田泰武氏 提供）

図３・21はセビリア駅での長距離線の列車と近郊線の電車です。確認していませんがトイレは垂れ流しでしょう。

◆おわりに

他国からの侵略を嫌い、鉄道の軌道幅を1668ミリメートルと1000ミリメートルにしたスペインは独自の軌間可変技術を開発し、ヨーロッパ諸国に活用されています。日本でも新幹線のローカル線への乗り入れに開発を進めていましたが、今はあきらめたようです。しかし、スペインの列車トイレの汚物は、まだ垂れ流しが残っているようです。

ポーランド

ポーランドはショパンのエチュード『革命』やドイツによる侵略、さらにソ連の圧政に耐えた暗い国というイメージがありますが、11世紀にポーランド王国となった歴史ある国です。国土の半分が農耕地で、主要農産物は小麦や大麦です。また石炭や銅、銀などの鉱物資源を産出する豊かな国ですが、ロシアやドイツに侵略されました。

◆鉄道事情

現在のポーランド領における最初の鉄道は、1842年に開通したヴロツワフ～ムスウォヴィツェ間の一部を結ぶ、上シレジア鉄道ですが、以前のポーランド領内も含めると1845年6月にワルシャワ・ウィーン鉄道（軌道1435ミリメートル）のワルシャワ～グロジスク・マゾヴィエツキ間が最初に開業しました（**表10**）。この鉄道が1848年に全線開通することによってベルリンまでつながっていた上シレジア鉄道とヴロツワフが、皇帝（カイザー）フェルディナンド北部鉄道によってウィーンまでつながり、クラク

表10　ポーランドの鉄道の状況（2013年）

創業	1842年
営業キロ 　軌道幅別（軌道幅）	1万9,615 km 1万9,220 km（1,435 mm） 395 km（1,520 mm）
電化キロ	1万1,842km（DC 3kV）
年間旅客輸送量	226億2,040万 人/km
年間貨物輸送量	332億5,600万 t /km

フ・上シレジア鉄道ともつながることで中欧の基本鉄道網が形成されました。こうしてワルシャワは他のヨーロッパの首都と結ばれたのです。

18世紀後半から第一次世界大戦までポーランド領内はロシア、プロシア、オーストリアの三帝国に分割統治されていたため、鉄道は地域ごとに違った方式で建設されました。

西側のプロシア占領地では広範囲に渡って鉄道が整備されましたが、南部のオーストリア側は無計画に鉄道網が敷設されたため、ロシアが占領した地区の鉄道整備は遅れており、軌道も1524ミリメートルのロシアゲージ式レールが敷設されたため、西ヨーロッパからの列車の乗り入れができませんでした。第一次世界大戦後、ポーランド共和国が誕生し、1926年9月にはポーランド国鉄PKP(Polskie Koleje Państwowe）が設立され、1936年にワルシャワ都市貫通線で電車（DC3キロボルト）の運行を開始しました。第二次世界大戦後、ＰＫＰ鉄道の3分の1はソビエト連邦に吸収されてワルシャワ〜ベルリンに向かって整備され、西部と北部の地域が新しくポーランド領になりました。

社会主義計画経済時代は鉄道が重点整備され1980年代には電化工事が推進され、1995年には幹線のほぼ全線が電化されて1万600キロメートル（全輸送の85％以上）が電化されました。1989年の民主化以降、輸送体系の構造的変化によりＰＫＰの輸送量は半減しましたが、ＥＵ加盟に向け国際協定で定められた重要路線の整備や、上下分離とオープンアクセスを可能とする鉄道輸送法、民営化などが進められました。2001年にはＰＫＰ ＳＡ（ＰＫＰグループの持ち株会社）とＰＫＰ ＰＬＫ（鉄道インフラ管理会社）、PKP Intercity（長距離旅客輸送会社）、PKP Cargo（貨物輸送会社）、PKP Przewozy Regionalne（地域旅客輸送会社）などに商業化・子会社化されました。

◆ 高速鉄道の計画

将来のインフラ環境実施計画に基づき時速160キロメートル運転可能な路線の整備やワルシャワ〜クディニャ間は時速200キロメートル走行を目標としています。

日本の新幹線の成功に刺激され、１９７７年にワルシャワ（ポーランドの首都）～クラクフ（ポーランド第２の都市）を結ぶ中央幹線鉄道（Centralna Magistrala Kolejowa：ＣＭＫ）が完成し、最高時速２５０キロメートル、最小半径４０００メートル、最大カント１００ミリメートル、最高勾配６パーミルで設計されています。

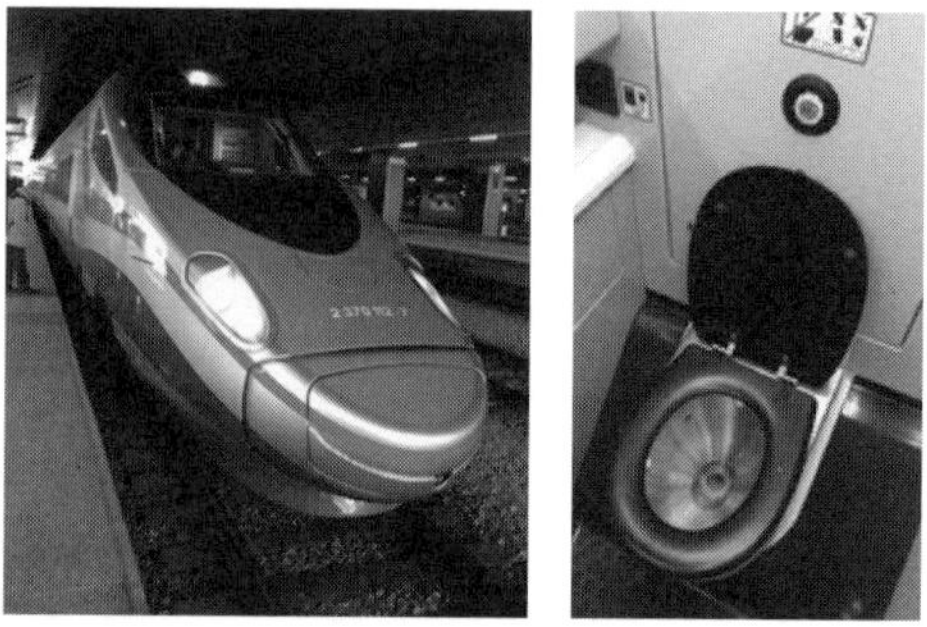
図３・22　2014年12月から運航開始したED250型ペンドリーノ・クラクフ～ワルシャワ間．高速運転時には最高時速250kmでの運転が可能です（左）．右はその真空式トイレ（新谷恭将氏 提供）

◆おわりに

社会主義計画経済時代に鉄道は重点的に整備され、ＰＫＰは今も独占的輸送機関として重要な役割を果たしています。ヨーロッパ有数規模（２万キロメートル）の鉄道路線網をもつポーランドの鉄道はヨーロッパの中央に位置し、東西輸送軸と南北輸送軸が交差する要となっており、貨物輸送も旅客輸送も黒字です（**図３・22**）。

【情報提供：京都大鉄道研究会ＯＢ新谷恭将氏】

ポルトガル

ポルトガルは、日本では織田信長の時代に宣教師フランシスコ・ザビエルによるキリスト教の布教と種子島への鉄砲の伝来でよく知られていますが、15～16世紀の航海時代にはスペインと勢力を2分し、ブラジルやマカオを植民地にしていた国です。ポルトガル語は南アメリカやアフリカで多く用いられています。イベリア半島の西端で大西洋に面した日本の約4分の1の面積に人口1029万人（2021年）が住む共和国で、農業の生産性は低いですが漁業や繊維産業などが盛んな国です。

◆鉄道事情

国内交通の中心は今も道路交通で各都市間にはバスの運行が中心になっています。バスのスピードも鉄道（普通）よりも速く、料金も安いため鉄道依存度は低いのが現状です。鉄道の建設は西ヨーロッパ諸国の中では遅く、1956年にリスボン～カレガード間26キロメートルが開通しています（**表11**）。隣国スペインとの接続から軌道は1668ミリ

表11　ポルトガルの鉄道の状況（2013年）

創業	1856年
営業キロ 　軌道幅別（軌道幅）	2,714 km 　2,602 km（1,668 mm） 　　112 km（1,000 mm）
電化キロ	2,064 km（DC 1.5 kV） 　131 km（AC 25 kV 50 Hz）
年間旅客輸送量	33億1,070万 人/km
年間貨物輸送量	20億2,000万 t/km

メートルの広軌が採用されています。鉄道の建設はイギリス、フランスの参入によりリスボンと北部の第2都市ポルトを結ぶ路線を中心に20世紀初めに現在のような路線が敷設されました。

1975年に国有化され1997年にはEUの鉄道政策に従い上下分離政策が行われました。ポルトガル鉄道管理機構（Rede Ferroviária Nacional：REFER）がインフラ管理事業を、ポルトガル鉄道（Comboios de Portugal：CP）が鉄道輸送事業を担い、1998年にポルトガル鉄道の組織はリスボン地方局、ポルト地方局、都市間地域旅客局、貨物輸送局、車両機関局の5つの事業に再編成されています。

ポルトガル鉄道の営業距離は2714キロメートル、そのうち電化路線は927キロメートルまた複線路線は486キロメートルと、施設としては低い状態です。

図3・23　リスボン〜コインブラ〜ポルト間の高速鉄道北幹線を結ぶ高速振り子式電車「特急電車アルファ・ペンデゥラール」．リスボン・オリエンテ駅にて（左）とその真空トイレ（右）（路次安憲氏 提供）

北幹線のリスボン〜ポルト間は複線交流電化（AC25キロボルト、50ヘルツ）されており、高速振り子式電車特急アルファ・ペンデゥラールが運行されていますが鉄道の依存度は低く、国の援助で経営が成り立っている状態です。今のところ2013年開通を目標にスペイン・マドリードとリスボンを2時間45分で結ぶ高速鉄道が計画されています。この軌道は日本の新幹線と同様の標準軌道1435ミリメートルでヨーロッパ高速鉄道網に組み込まれています（**図3・23、3・24**）。

◆高速鉄道の計画

リスボン〜マドリード間とリスボン〜ポルト間を軌道1435ミリメートルで結ぶ高速鉄道の計画がありポルトガル鉄道の在来線軌道1668ミリメートルと二線軌道式でフランス以東にまで直通運転を可能にす

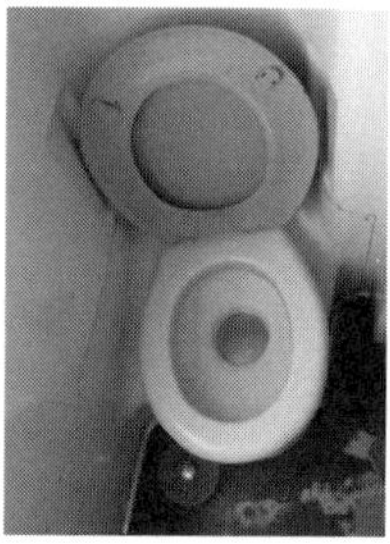

図3・24　ポルト駅での急行インターシティ（左）とその列車トイレ．日本の簡易水洗トイレのように汚物流し口に蓋がついているので汚物はタンクに蓄えていると思われる（路次安憲氏 提供）

る予定です。しかし、ヨーロッパの債務危機からなかなか実現は苦しいようです。

◆おわりに

ポルトガルとスペインとを結ぶ列車は、マドリードとリスボンとを結ぶ寝台列車タルゴ1本（10時間）、フランスとの国境イルンとリスボンを結ぶ寝台列車「南急行」が1本、それにスペインのビーゴとポルトガル北部のポルト間を3時間半で走り抜ける1日3本のローカル列車がすべてで、昼間10時間以上もかかる鉄道を利用する人は少ないのが現状です。EUと軌道幅も違うためポルトガル鉄道の運行は難しそうです。

【情報提供：NPO法人21世紀水倶楽部元理事長・亀田泰武氏／京都大学鉄道研究会OB・路次安憲氏】

フィンランド

フィンランドはスカンジナビア半島の付け根にある共和国で、緯度が高く、北部地帯は白夜で日が沈まない日が年に10日ほどあり、冬季のボスニア湾は凍ってしまいます。19世紀までスウェーデンに支配され、その後はロシアに併合されましたが、第一次世界大戦後に独立しました。かつては紙やパルプなどの工業が盛んな国でしたが、現在はエレクトロニクス、ITなどの先端技術産業が中核となっています。日本と同じくらいの国土に553万人（2021年）しか住んでいませんが豊かな国です。

◆鉄道事情

豊富な森林資源を基に紙、パルプなどの工業が盛んな国で、鉄道が建設される前は湖沼と運河による交通網が盛んでしたが、凍結の問題があり1850年代から鉄道建設が計画されました。当初はロシア帝国の支配下にあった影響で、軌道はロシアと同じ5フィート（1524ミリメートル）で建設されたためEU諸国への乗り入れはできませんでしたが、

表12　フィンランドの鉄道の状況（2013年）

創業	1862年
営業キロ	5,899 km
軌道幅	1,524 mm
電化キロ	3,047 km（AC 25 kV 50 Hz）
年間旅客輸送量	40億5,300万 人/km
年間貨物輸送量	94億7,000万 t /km

ロシアへは直通運行が可能で、貨物や旅客列車を乗り換えずに行き来することができますので、ロシアとヨーロッパを結ぶ中継輸送を果たしています（**表12**）。

１９９０年にフィンランド国鉄となり、ＥＵの鉄道政策に従い、１９９４年には鉄道ネットワーク法により鉄道インフラを管理するフィンランド鉄道庁（Ratahallintokeskus：ＲＨＫ）と鉄道輸送事業などを行うＶＲグループに上下分離されました。このＶＲグループの傘下には、旅客と貨物輸送を行うＶＲ株式会社だけでなく、鉄道建設と路線保守を行うＶＲトラック 株式会社も入っています。

人口密度の低いフィンランドで旅客輸送は政府との契約で事業を運営しています。またヘルシンキ地域圏ではヘルシンキ地域交通局（Helsingin Seudun Liikenne：ＨＳＬ）とＶＲグループが締結して通勤輸送を運行しています。

国内都市間輸送では、高速振り子式電車（ペンドリーノＳ

図３・25　高速列車ペンドリーノS220（左）とその真空式トイレ（右）（清水みのり氏 提供）

２２０）を始めとする最高時速２２０キロメートルの高速列車が各都市をつないでいます（**図３・25**）。またロシアとの国際輸送にはロシア鉄道による50％の出資によりカレリアン・トレインズが設立され、２０１０年12月よりヘルシンキ～サンクトペテルブルク間には時速２２０キロメートルの高速車両が運行しています。またヘルシンキ～モスクワ間には１日1往復の寝台列車も運行されています。鉄道ではロシアとのつながりが強いようです。

一方、貨物輸送は、道路輸送の重量ベースで6倍以上を鉄道が担っており、貨物輸送はヨーロッパとロシア、アジアを結ぶきわめて重要な役割を担っています。とくにフィンランドは冬も凍ることのないハミナやハンコなどの大型港をバルト海にもっており、シベリア鉄道（Siberian Land Bridge：ＳＬＢ）

と、ヨーロッパ側のゲートウェイであるバルト海の港湾と直結した重要な鉄道です。

２０１５年7月1日にはヘルシンキ・ヴァンター国際空港を結ぶアクセス線がＥＵの資金協力で開設されました。将来的にはセイナヨキ〜オウル間（延長３３５キロメートル）の時速１６０〜２００キロメートルへの高速化や軸重25トンの貨物輸送のための軌道改良工事が進められています。また新規事業としてタリン（エストニア）を結ぶ全長50キロメートル以上の海底トンネルが計画されています。

氷点下50度以下となる酷寒冷地のフィンランドでは日本のような降雪は少なく、除雪専用車は不必要で、安定した運行が可能な鉄道輸送が重要視されています。

◆おわりに

ヘルシンキは綺麗な街で、落書きもごみも少なくイタリアより落ち着いた街です。

森と湖の国と言われるだけに針葉樹の森が広がっています。「サウナの町」ともよばれ、ホテルを始め町には風呂屋ではなくサウナの店が多いようです。

【情報提供：長女・清水みのり。２０１６年3月29日からヘルシンキで開催されたフィギュアスケート世界選手権を見に行く際に、列車トイレの写真を撮るよう強引に依頼しました】

3-2 アフリカ

モロッコ

◆ 国の事情

モロッコはアフリカ大陸の北西側に位置し、地中海、大西洋とスペイン領サハラ砂漠と南のアルジェリアとに国境を有するイスラム教スンニ派の立憲君主の国です。国土44・6万平方キロメートル（日本の約1.2倍）に人口3603万人（2018年）を有する、親欧米路線を基調としたアラブ連盟の国です。元はフランス保護領でしたが1956年に独立しました。そのため言語はフランス語とアラブ語（公用語）で、国のインフラ整備もフランスに多く依存していました。

表13　モロッコの鉄道の状況（2013年）

創業	1911年
営業キロ	2,110 km
軌道幅	1,435 mm
電化キロ	1,284 km
年間旅客輸送量	48億1,900万 人/km
年間貨物輸送量	59億9,800万 t /km

モロッコの鉄道は国有ですが、路線は日本のように全土には敷設されていません（**表13**）。幹線は地中海のジブラルタル海峡入り口のタンジェ～首都ラバト、カサブランカ経由マラケシュまでの南北を走る線と、アルジェリアの国境近くの町ウジダ～フェズ、メクネスを経て首都ラバトやタンジェに通じる東西を走る線があります。その中でもタンジェ～カサブランカ（421キロメートル）まで運行されている豪華特急ベイダ（フランス製のディーゼル機関車の牽引）とマラケシュ～カサブランカ、首都ラバト経由でフェズまで行く急行カサブランカ・エクスプレス（フランス製の電気機関車の牽引）が有名です（**図3・26**）。

【情報提供：京都大学鉄道研究会ＯＢ・路次安憲氏】

図3・26　マラケシュ駅にてカサブランカ・エクスプレスの機関車連結．トイレの下に汚物流し管を見ることができます（上）．下はその列車トイレ．水栓ですが汚物は垂れ流しです（路次安憲氏 提供）

チュニジア

２００９年の暮れ、チュニジアの観光列車レザー・ルージュ（フランス語で「赤いトカゲ」の意味）に乗るツアーに出かけましたが、残念ながら３か月前に起きた大雨で運転は中止されていました。路床が流れたため、何時に復旧するかはわからないとのことでした。そこで今回は列車に乗らずに、レールの側からトイレを見ていきます。

◆ 国の事情

カスバで知られているチュニジアは地中海に面した北アフリカにあり、チュニジアのボン岬はイタリアのシチリア島から１００キロメートル西に位置しています。国土は日本の約５分の２の広さで、１１９４万人（２０２１年）の人が住んでいる比較的豊かな国です。石油も自国で調達でき、大麦、小麦、オリーブやナツメヤシなどを輸出する農業国です。とくに観光に力を入れており、カルタゴ時代（紀元前３世紀～８１４年）からローマ帝国、ビザンチン帝国などの支配を１５７４年にオスマン帝国の支配を受けましたが、多くの遺

表14　チュニジア鉄道の状況（2008年）

創業	1872年
営業キロ	1,631 km
軌道幅	1,000 mm
電化キロ	360 km
年間旅客輸送量	14億700万 人/km
年間貨物輸送量	20億7,300万 t/km

跡が今も残っています。

◆鉄道事情

鉄道はフランスの植民地時代に整備されチュニジア国鉄（Société Nationale des Chemins de Fer Tunisiens：SNCFT）がチュニスのバルセロナ駅を中心に5路線を運行しています（**表14**）。歴史的にはリン鉱山関連で軌道幅1000ミリメートルの路線が1897年にスファックス・ガフサ・リン酸鉄道（Compagnie des phosphates et des chemins de fer de Sfax-Gafas：CPCFSG）として政府から免許を得て運営を開始しました。

またチュニス駅より西方の北部路線はチュニジア農業鉄道（Compagnie Fermiere des chemins de fer Tunisiens：CFT）として標準軌道で整備されましたが、1956年に発足したチュニジア国鉄により国有化されました。首都の

図3・27　通勤用車両の1等車両．車両の両端にトイレがあるのか拡大すると汚物流し管が見えます

チュニスとサハラ砂漠の入口トズール間には夜行列車も運行されています。いずれもディーゼル機関車による列車運転です。もちろんトイレは垂れ流しのようです（**図3・27**）。

◆ おわりに

チュニジアはフランスの統治を受けていたので、エジプトと違い、ホテルの食事はパンを始めとして大変、美味しくいただけます。また私が訪問したときは治安も良く、観光も安全でした。

エジプト

エジプトには、２００７年12月にカイロ～アレキサンドリアまで鉄道に乗車できるツアーに家内と一緒に出かけました。当然、覗くのは列車の中のトイレです。乗った車両が1等車のためトイレの入口付近には自動小銃を手にした警備員がずっと見張っています。カメラを持ち、トイレの前をうろうろしていると尋問されそうです。列車が発車してしばらくすると警備員は手続きでどこかへ行ってしまいましたので、早速ドアを開けて写真を撮りました。

◆ 国の事情

エジプトはナイル川を中心に５０００年の歴史をもつ、現存する世界最古の国家です。ギリシャ時代までは文化の中心地でしたが紀元前1世紀にローマ帝国により征服されて衰えました。7世紀にはイスラムの支配によってアラブ国家の一員になり、近世にはオスマン帝国の支配を受けましたが、19世紀にはイギリスの支配下に入りました。しかし１９２

表15　エジプトの鉄道の状況（2008年）

創業	1954年
営業キロ	5,195 km
軌道幅	1,435 mm
電化キロ	65 km（DC 1.5 kV）
年間旅客輸送量	408億3,700万 人/km
年間貨物輸送量	34億8,000万 t/km

2年に名目的に独立国家になり、1953年に王制から共和制に移行して独立しました。第二次世界大戦後、中東戦争を始めとした不安定状態になっています。エジプトの西側は砂漠地帯でナイル川周辺は小麦、綿花、綿糸などの農作物だけで、ほとんど観光で外貨を稼いでいる状態です。原油と天然ガスは自国用に採掘できています。

1854年にアレキサンドリア〜カルエザヤットまで、1956年にカイロまで、1858年にはカイロ〜スエズ間がイギリスの援助のもとで鉄道が開通し、地中海〜紅海の353キロメートルが結ばれました（**表15**）。その後鉄道の黄金時代と言われ、複線によりアスワンまで鉄道は開通しましたが、1869年にフランスの外交官・実業家であるレセップスによるスエズ運河が完成すると、鉄道による貨物量が激減しました。今は運輸省により1980年にエジプト国鉄（Egyptian National Railways：ENR）が設立され政府の援助のもとに運営・維持管理が行われています。

エジプトの鉄道は国営でほとんど電化されていません。フランスやスペイン製の車両をドイツかフランス製のディーゼル機関車が引っ張っています。路線は地中海沿いにサローム〜アレキサンドリア〜カイロ〜スエズ、ナイル川沿いにアレキサンドリア〜カイロ〜アスワンまで複線の立派な軌道（軌道幅1435ミリメートル）が設置されています。やはり軍事用の貨物列車が優先です。

高速鉄道はアレキサンドリア〜アスワン間の計画はありますが、政治的に不安定であることからよくわかりません。

◆列車トイレの事情

エジプトの観光地でのトイレは有料です。入口でお金を払うと、手拭かトイレットペーパーをわたしてくれます。ホテルのトイレにはトイレットペーパーは付いていますが、町の中のトイレにはありません。備え付けの空き缶に水を入れ、左手でこの水を使ってお尻を洗い、その後缶の水で汚物を洗い流します。当然、列車トイレにもトイレットペーパーは置いてありません。列車トイレは車両の両端に1か所ずつ備えられており、**図3・28**の

図３・28　左はカイロ駅の回送列車．下に汚物垂れ流し管が見えます．右は乗車した列車のトイレ．トイレの横の押しボタンを押すと，便器についているパイプから水が飛び出し，顔にかかってしまいました．なんと，お尻洗浄器つきトイレでした

ように片側は日本の和式トイレと同じ屈むことができるトイレでした。

◆おわりに

エジプトの遺跡はピラミッドや王家の谷、ルクソール神殿など、その歴史とスケールの大きさといい、素晴らしいものです。一方、緑がまったくなく、砂漠の茶色一色とホコリだらけです。

ホテルの食事は美味しくはありません。イスラムの国だけに牛、豚の肉はなく油身のない羊や鶏肉だけでした。街中も観光地以外は治安も良くなく、汚れが目立ちました。

トルコ

ヨーロッパとアジアにまたがる国トルコはイスラム圏で最も穏健で日本と親密な関係にある国です。13世紀末に成立したオスマン帝国はヨーロッパ～アジア、アフリカにまたがる大国家を築き、イスラム教の宗主として栄えましたが、第一次世界大戦の敗北により小国に分裂されました。鉄道ではアガサ・クリスティーで有名なオリエンタル急行のパリからの終着駅の国です。鉄道の建設は古く、オスマン帝国時代の1856年にイギリスの会社が内陸からの鉱物資源や農産物の輸送のため創業しました。1923年の独立を機に、トルコ共和国はすべての鉄道を国有化しました。日本の2倍の面積の国土に人口7236万人と少なく、トルコの東側は国境も明確でなく隣接国との関係も不安定です。

◆トイレ事情

観光はバスによる移動でしたが、拠点ごとに公衆便所が整備されたドライブインがありました。また、アジア西部とヨーロッパ南東部の境界に位置するトルコの観光地には、洋式トイレとアジアの和式トイレ（屈み式トイレ）の両設備が準備されていました。ただし日本のようにトイレットペーパーは準備されていないので、ご注意ください。

表16　トルコの鉄道の状況（2013年）

創業	1866年
営業キロ	9,323 km
軌道幅	1,435 mm
電化キロ	3,304 km（AC 25 kV 50 Hz）
年間旅客輸送量	59億1,700万 人/km
年間貨物輸送量	152億2,500万 t /km

◆鉄道事情

現状のトルコでは鉄道輸送の役割は低く、海路、陸路と競合しており、将来の事業計画を検討中です。トルコ国鉄（Türkiye Cumhuriyeti Devlet Demiryollari：ＴＣＤＤ）の軌道は１４３５ミリメートルで電化率は20％以下と低く、ほとんどが単線です（**表16**）。スピードアップと複線化および輸送改善計画があり、私の訪問中はアンカラ～エスキシェヒル間まで完成していましたが、２０１３年にはポラットル～コンヤガ間が営業開始しており、２０１４年7月25日にはイスタンブールの手前のエスキシェヒルまで開通しています。高速鉄道の列車には真空式トイレが常備されていると思いますが、他の在来線のトイレの汚物は垂れ流しでしょう（**図3・29**）。イスタンブールやアンカラなどの大都市部では電化されて電車による運転ですが、地方では電化率は低くディーゼル機関車による列車運行です。

図3・29　寝台特急のトイレ（左：洋式，右：和式）．汚物は垂れ流し式です．始発駅のためかトイレは清潔で，汚物落ち口からは車輪の音が聞こえていた

◆おわりに

イスタンブールの市内はボスポラス海峡を挟んでヨーロッパ側とアジア側に分かれていますが、日本企業の耐震技術で１９９９年のトルコ西部大地震でもびくともせず、その技術は高く評価されています。現在、地下に鉄道トンネルも計画されていますが、トルコも日本と同様に遺跡が多く、地下を掘るたびに遺跡が発見されて工事が進まないようです。市内には路面電車が多く運転されていました。

【情報提供：京都大学鉄道研究会ＯＢ・路次安憲氏】

3-3 アジア

中国

ＮＨＫのテレビ番組「関口知宏の中国鉄道大紀行」で有名になりました中国の国有鉄道ですが、トイレの話題は一度もなかったと思います。それほど話題にするに値しなかったのでしょうか？

中国では鉄道も軍用設備のため、注意しないと写真撮影も取り締まりの対象です。私が最初に中国に行った１９８２年の北京、上海のトイレにはドアがなく、あっても下半分は開いていて、トイレの中が丸見えでした。ホテルの外の公衆便所では、板の上に皆並んで屈んで用を足していました。その後２００２年と２００８年に訪問しましたが、上海は高

表17　中国の鉄道の状況（2013年）

創業	1876年
営業キロ	10万3,145 km
軌道幅	1,435 mm
電化キロ	5万5,811 km（AC 25 kV 50 Hz）
年間旅客輸送量	1兆596億 人/km
年間貨物輸送量	2兆9,173億 t/km

層ビルの街に変わり、空港からは6車線以上ある高速道路ができていました。住民の意見を無視する一国一党の独裁政権にしかできない都市計画だと思いますが、今も都市と地方の格差は大きいようです。

◆鉄道事情

中国の鉄道の歴史は古く、1876年にイギリスの商人により営業され、1894年の日清戦争後、ロシア、日本、イギリス、フランス、ドイツ、ベルギーなどの列国が鉄道建設の利権を競ったのが始まりでした。日本でも1905年の日露戦争の勝利後、南満州鉄道株式会社を設立し、時速130キロメートルで大連～長春間（701.4キロメートル）を8時間半で結んだアジア号は歴史に残る偉業です（**表17**）。

中華民国から新中国（中華人民共和国）に変わると、鉄道は国の交通体系の中心と位置付けられるようになり、201

図3・30　和諧号の水洗トイレ．日本製の車両のようです（早原寛二氏 提供）

4年の時点で営業キロ11万2000キロメートルまで建設が進んでいます。

◆高速鉄道

国土面積959・6万立方キロメートル、人口約14億人、しかも、いまだに年1000キロメートルのペースで新線の建設が進められています。2007年4月のダイヤ改正では北京、ハルピン、大連、上海、南京、杭州などの主要都市において時速200キロメートルの列車に動力分散方式の電車が採用され、8両8編成（形式CRH-1はカナダ・ボンバルディア社製、CRH-2は日本製、CRH-3はドイツ・シーメンス社製、CRH-4はフランス・アルストム社製）、4種類の新型電車を走らせました。これは将来、北京～上海を走らせる高速鉄道車両を自国で開発するための試験車両でしょう。これらの車両には真空式の水洗トイレが常備され、汚物はタンクに貯留し、車両基地で処理しています。現在は中国国内の鉄道車両は自国製で、輸出部門では日本と競っています（**図3・30、3・31**）。

日本製の車両は九州新幹線とほぼ同じ仕様です。中国の高速鉄道は在来線と同じ軌道になるため、高速幹線から在来線に乗り入れる運行になっています。一方、在来線を時速200キロメートルで走る高速幹線は北京~ハルピン、大連、上海、南京、杭州で工事が進められており、前記の時速200キロメートル仕様の車両が高速鉄道区間を時速250キロメートルで運行されています。

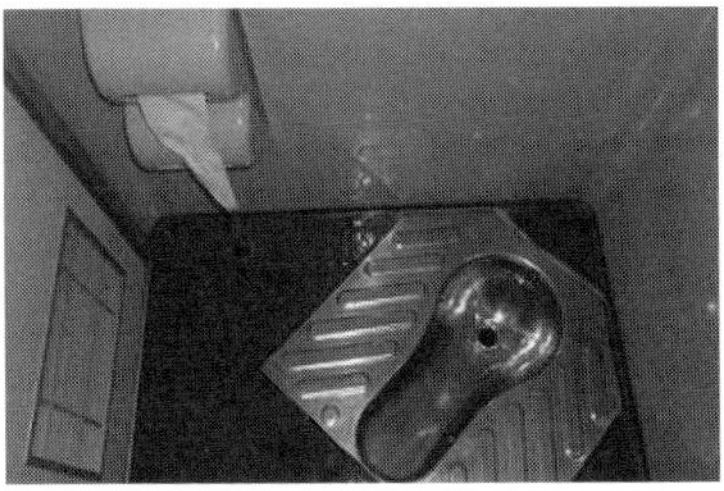
図3・31　和諧号2編成連結16両編成の列車の和式便器です（佐藤和明氏 提供）

◆在来線

上海~杭州

中国のメインルートは電化されていますが、ほとんどの路線は未電化でディーゼル機関車による列車運転です。私が乗車した2002年当時の上海~杭州は未電化でディーゼル機関車が2階建ての車両を牽引していました。トイレは1車両の両端に2か所搭載されており、トイレからレールを見ることができました。当時はチケットを手に入れるのが大変でした。

大連

２００8年2月に訪れた大連駅では北京や上海からの寝台列車が到着していましたが、トイレの下には流し管が付いているので、汚物は路線に垂れ流していると思います。

大連では朝食前に旧日本軍が建設した中山広場や満鉄の建物などを撮影したフイルムを鉄道を跨ぐ勝利橋上でカメラから取り出した拍子にレールに落としてしまいました。落としたフイルムは見えていましたが、橋を下りてフェンスを乗り越え、回収する勇気はありませんでした。したがって観光写真はありません。前日に撮った仕事の写真は無事でした。標高３６００メートルを行くチベット線の車両はカナダ製で、新幹線と同じく気密性を保つため真空式トイレ設備とのことです。

◆おわりに

中国の高速鉄道は最高時速２００キロメートル以上とされ、２０２０年までに2万キロメートル建設される予定です。また現在営業している鉄道は設計最高時速３５０キロメートルですが、実際には安全を考慮して時速３１０キロメートル程度で運転しているそうです。また、ローカル線では蒸気機関車の運転もあるそうですが、地方の観光協会などから許可をもらわないと写真撮影は難しいそうです。いずれにしても中国はよくわからない国ですので、実際に確認するのが一番です。

【情報提供：株式会社ダイネン・早原寛二氏】

中国シルクロード

今回はシルクロードの列車です。西遊記に出てくる三蔵法師が旅をした道です。私ではなく家内が高等学校の昔の仲間と出かけるとのことで留守番を命じられ「列車トイレの写真を撮ってくる」ことを条件に許可をしました。

このウイグル自治地区はモンゴル族が多く、漢民族はほとんどいない地区です。尖閣諸島の情報も少ないため対日感情が非常によく、大変歓迎されたそうです。しかし、報道規制や共産党の監視のもと、自由な発言はできず本音は聞けないようです。言葉もウイグル語で駅の標識もウイグル文字と漢字でまったく読むことはできません。この地区は核実験場のあった場所で進入禁止地区があちこちにあるようです（2012年時点）。

◆シルクロードの鉄道

乗車したのは天山南線のトルファン～クチャです。天山南線（南疆《なんきょう》鉄道）はトルファン～キルギス国境近くのホータン（和田）までの1930キロメートルを天山南路沿いに3

000メートルの山越と砂漠の中を通る過酷な路線で、1999年12月に開通した歴史の浅い路線です。

もちろん電化はされておらず、単線でディーゼル機関車の牽引により石油や鉱物資源を運ぶ貨物列車が優先です。快速の長距離旅客列車はウルムチから朝と夕方に運行される2本です。2012年4月の現地の時刻表によると、快速の長距離旅客列車はウルムチ～カシュガルに1日1往復、ウルムチ～カシュガル～ホータン（和田）に1日1往復が運行されており、ウルムチ～カシュガルの旅客列車は2往復となっています。他にウルムチ～アクスに2往復、ウルムチ～コルラに1往復が運行されています。

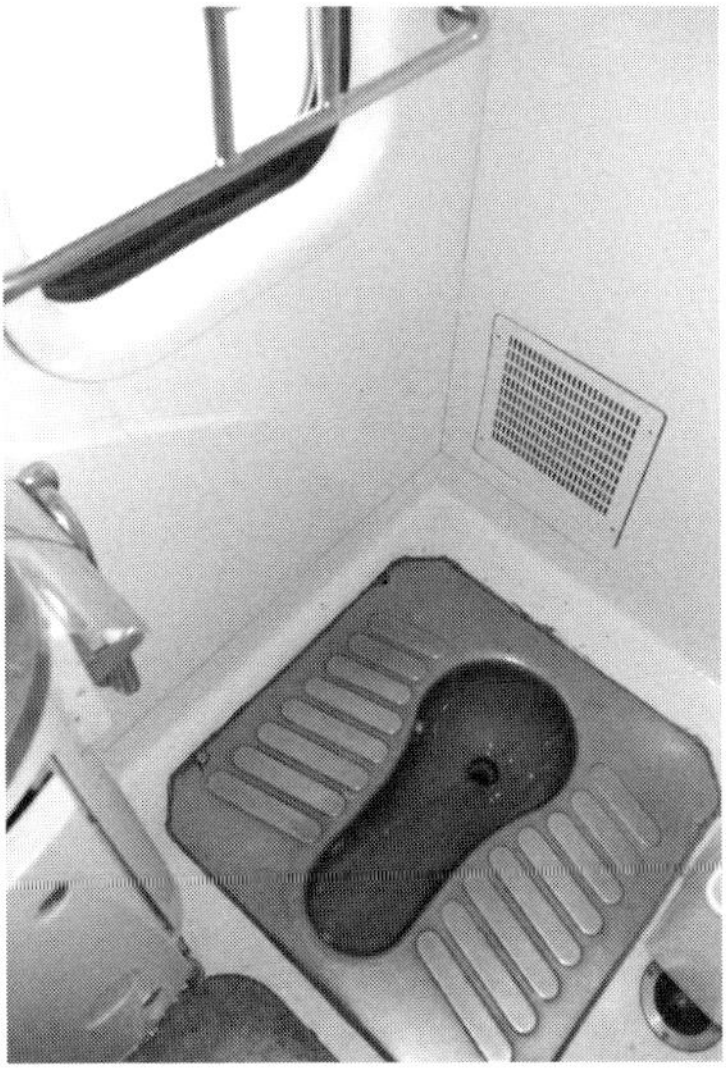
図3・32 チベット鉄道の真空式トイレ．汚物を流すための小さなノズルが付いています（藤原徹氏 提供）

列車の運行本数が少ないことから、できるだけを多くの乗客を運ぶため、2階建ての寝台車と食堂車を連結し、さらに15～

18両の客車を連結した長大編成で運行されています。
一方、チベットのラサまで行くチベット鉄道の車両は、最高地点のタングラ駅付近の標高5072メートルまで登るので、気圧の関係で車両は気密式になっており、トイレも真空式で汚物はタンクに溜めているそうです（**図3・32**）。

◆ おわりに

中国はよくわからない国で、報道に自由がなく、宣伝文が多いようです。まだまだ発展途上の国で、高速鉄道新線も1万6000キロメートル（2014年）が営業されていますが2020年には2万キロメートルとする計画です。一方、在来線もまだまだ貨物輸送を目的に路線の延長を図っており、2014年には前年比8000キロメートルの大幅な増加を計画し、縦横の主要幹線整備を計画していました。

【情報提供：京都大学鉄道研究会OB・藤原徹氏】

台湾

図３・33　台湾高速鉄道の終点高尾左栄駅で発車を待つ高速鉄道用700Ｔ系車両．日本の東海・西日本新幹線700系をベースに台湾向けに川崎重工が製造しました（重宗勝人氏 提供）

台湾は九州とほぼ同じ面積に約２３２６万人が住んでおり、日本との国交がないものの、民間レベルでの交流は多く、中国より親しみを感じる国です。台湾の鉄道の歴史は古く、清の時代の１８９１年に台北〜基隆間が開通し、１８９５年の日本支配下で路線の多くが建設されました（**表18**）。国有化されている台湾鉄道（台鉄）は、日本と同じ軌道幅（１０６７ミリメートル）で北廻線と西部幹線は電化されており（屏東〜花蓮間）、その他の路線はディーゼルカーやディーゼル機関車での運行になっています。

◆ 高速鉄道

台湾の高速鉄道は西部循環線の輸送力増強のため、

表18　台湾の鉄道の状況（2010年）

創業	1891年
営業キロ	1,438 km
軌道幅別（軌道幅）	1,093 km（1,067 mm） 345 km（1,435 mm）※高速鉄道
年間旅客輸送量	162億1,200万 人/km
年間貨物輸送量	7億7,000万 t/km

1990年代にヨーロッパ方式で計画されましたが、1999年に日本の新幹線方式に切り替えられ、台北～高尾（左営駅）345キロメートルを日本製の車両が96分で走行しています（**図3・33**、**3・34**）。

◆在来線

台湾の首都は北の台北ですが、南の都市高雄との間の西線回廊に、新たに高速鉄道の建設も行われました。一方、東線回廊がつながったのが1991年12月です。また台湾全島の鉄道強化改良計画で、花東線の複線電化が2014年6月に完成しています（**図3・35**）。

◆おわりに

台湾もかつては、貨客の輸送は鉄道が主流でしたが、道路整備と国内航空網の整備により1987以降は赤字に転落し、国の財政援助を受けています。その一方で、台北や高尾の都市には地下鉄などの交通網が整備されています。

【情報提供：京大鉄道研究会ＯＢ・真鍋祐司氏／ＳＬ追っかけ仲間であるＯＥＣアルファ社・重宗勝人氏】

図3・34　左は高速鉄道用700T車両の男子用トイレ．高速鉄道の運転開始時はトイレの部品がかなり盗難にあったそうです．右は同じく700Tの男女共用水洗トイレ．ノズルが見えないので真空式かどうかはわかりません（重宗勝人氏 提供）

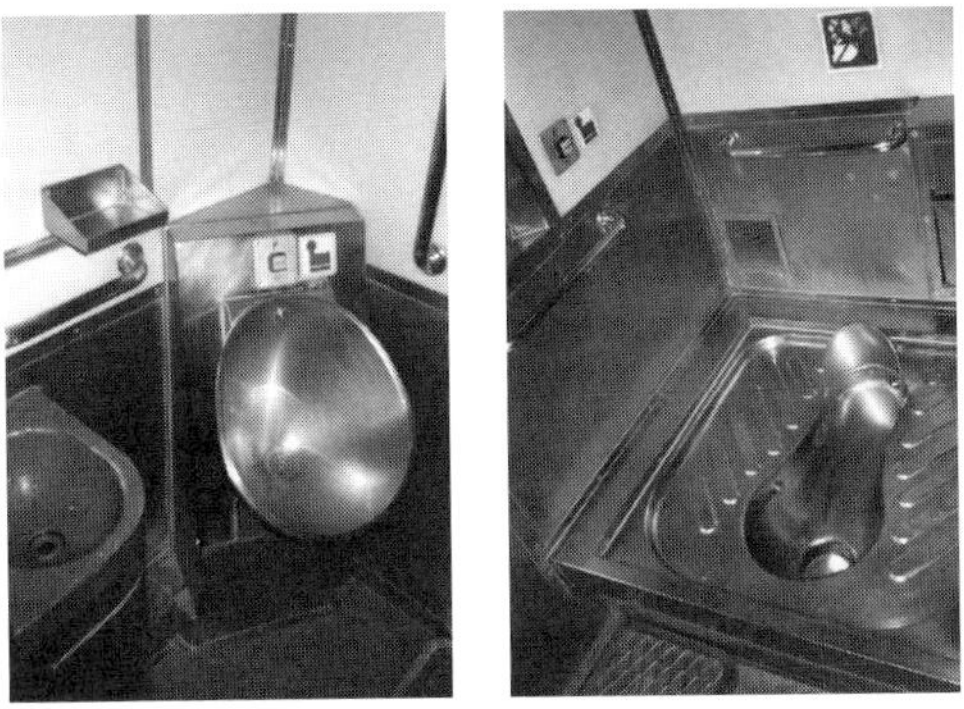

図3・35　左は台湾の気動車特急自強号の男子用トイレ．水洗用のノズルが見えますので水洗トイレと思います．車両は1998年の日車製です．右は台湾の気動車特急自強号の男女共用和式トイレ（真鍋祐司氏 提供）

3-4 アメリカ大陸

アメリカ

アメリカ大陸には3回ほど行きましたが、移動はすべて飛行機とバスで列車に乗車する機会はありませんでした。そのため、今回は提供いただいた情報をもとにアメリカの鉄道状況とトイレの情報をまとめてみました。アメリカは東部がイギリス領、中央部がフランス領、南西部がスペイン領として植民地化されてきましたが、18世紀の独立戦争により膨大な国となりました。

表19　アメリカの鉄道の状況（2012年）

創業	1830年
営業キロ	22万9,037 km
軌道幅	1,435 mm
電化キロ	607 km（AC 12.5 kV 25 Hz） 423 km（AC 25 kV 60 Hz） 209 km（DC 1.5 kV）
年間旅客輸送量	95億1,800万 人/km
年間貨物輸送量	2兆5,420億 t/km

◆鉄道事情

アメリカでの鉄道開業は大西洋側のサウスカロライナからで、１８３０年のことです（**表19**）。西へ西へと進められ１８６０年にはミシシッピ川の東部まで４万８０００キロメートルに達する鉄道網が建設されました。軌道も１４３５ミリメートルの標準軌道に統一され、寝台車や食堂車が初めて運用されました。１９１６年には42万キロメートルにも及ぶ鉄道網を有する世界一の鉄道王国となりましたが、第二次世界大戦以降、ハイウェイの整備と航空機輸送の発展により鉄道は大都市近郊以外、貨物輸送が主になっています。政府と各鉄道会社は幹線の旅客輸送網を残すため、出資をしてアメリカ旅客鉄道公社アムトラック（Amtrak）が運行している路線はボストン～ニューヨーク～ワシントンを走るアセラ・エクスプレスのみで、あとは民間

図3・36　コースト・スターライトの真空式トイレ（路次安憲氏提供）

貨物鉄道会社の路線を借りて列車を運行しています。2011年度での運営組織はアメリカ鉄道旅客輸送公社と7社の1級貨物鉄道（CSX運輸会社、ノーフォーク・サザン鉄道、グランド・トランク鉄道、バーリントン・ノーザン鉄道、サンタ・フェ鉄道、ユニオン・パシフィック鉄道、カンザス・シティ・サザン鉄道、スーライン鉄道）と貨物鉄道全567社です。

貨物列車に関しては、トラック輸送よりもシェアが高く2007年の統計でトンマイルによるシェアは39・5%と1位を確保しています。この貨物鉄道の最も大きいのがユニオン・パシフィック鉄道で8000両以上の電気式ディーゼル機関車を所有し、日本ではない車扱列車の運行で大規模な操車場を10か所ほどもっています。

一方、旅客輸送はアムトラックが行っていますが、現在は大型の投資の計画はなく、貨物事業者が自らの判断で整備と運営を行っています。新たな鉄道建設の計画はありません。

カリフォルニア州の高速鉄道計画はサンフランシスコ～ロサンゼルス～サンディエゴを結ぶ総延長1120キロメートルの高速鉄道計画で最高時速350キロメートル、総工事費250億USドルと試算されていますが、まだ具体化しておりません。

◆コースト・スターライト

アメリカ西海岸をシアトル～ロサンゼルスを約34時間で走破する寝台車、ダイニングカー、サイトラウンジカーなどを連結した10両編成の豪華な観光列車で毎日運転されています。**図3・36**は真空式トイレです。

◆パシフィック・サーフライナー

カリフォルニア南部をカバーする短距離列車で、サンディエゴ～ロサンゼルス間が11本と最も多く、ゴレタ～ロサンゼルス間が2往復の優等列車です。列車編成はディーゼル機関車を先頭に2階建ての客車で、ビジネス

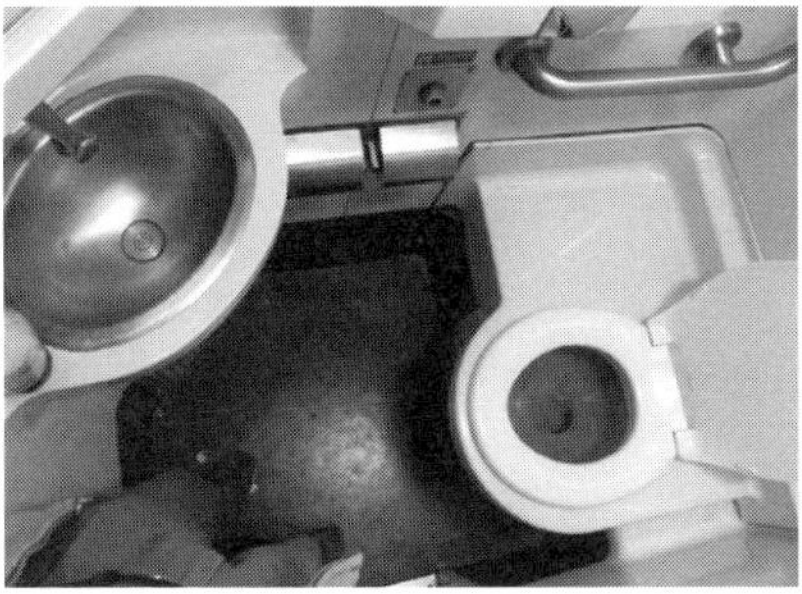

図3・37 パシフィック・サーフライナーの真空式トイレ（路次安憲氏 提供）

クラス車1両とコーチ車3〜5両と軽食ができるラウンジカー1両を連結する5〜7両編成の列車です。運転はプッシュプール方式で、返しは機関車を付け替えることはせず客車が先頭で運転されます。**図3・37**はパシフィック・サーフライナーの真空式トイレです。

◆カリフォルニア・ゼファー

2019年に、カリフォルニア・ゼファーでのシカゴ〜サンフランシスコ間2泊3日の乗り鉄の提案があり、関西、中部、関東から1名ずつ参加することになりました。そこで、パソコンも英会話もほとんどできない私が、列車トイレの調査の一環として便乗することにしました。航空券、鉄道の予約、アメリカビザはすべて後輩とのインターネット上のやり取りによって手配することができ、私はこんな時代になったのかと感心していました。非常に不安でしたが、東京国際線のANAカウンターで予約を確認して初めて安心することができました。しかし、カウンターでアメリカの宿泊先を聞かれて答えられず、私の隣座席の後輩と同じということで確認をとり、無事に日本を出国することができました。3名はANAのラウンジに集合して出発しました。

カリフォルニア・ゼファーの編成はサンフランシスコ側の先頭に2両のディーゼル機関

車、1号車の荷物車、その後の客車はすべて2階建ての9両編成。我々が乗車した2号車から3号車の半分までが個室寝台車で、3号車の半分と4号車はデラックス寝台車でシャワーとトイレ付きの個室寝台車です。2号車と3号車の半分が昼間は座席に、夜は2段ベッド（我々は1人で利用）となる寝台車です。5号車は食堂車、6号車は誰でも使えるサロンカーで、その後7、8、9号座席車が続く9両編成です。座席車といっても日本の新幹線車両よりも広く、4人掛けで、座席もほぼ水平にまで倒すことができます。各車両中央に一階入口があり、その隣が共用のトイレ付シャワー室と2室のトイレです。

ただ、座席車両に2泊3日も乗車する客は少ないようです。トイレは**図3・38**に示すように真空式の水洗で2泊3日の乗車でも清掃が行き届いているのか、非常に清潔でした。中国の北京~上海の新幹線と大違いです。**図3・39**のシャワー室は狭く上手く撮影できませんでした。

1日目

乗車するユニオン駅を確認するため前日シカゴ市内に出かけ、駅のすぐ隣のウィリス・タワー展望台に上りシカゴ市を観光しました。ユニオン駅の待合室は広く、結婚式もでき

図3・38　真空式トイレ．トイレにはシャンプーやティッシュペーパーなどが装備されていた

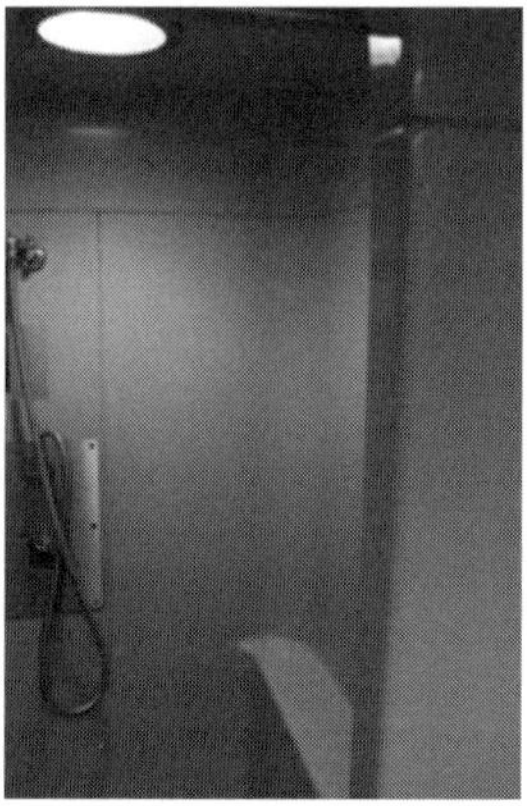

図3・39　シャワー室

るようです。

5月23日、1時間前に駅に到着してラウンジで休憩後、列車に乗車。改札には麻薬チェックのためか大きな黒い犬がいました。乗車前に列車の先頭まで行き、写真を撮ってから指定のコンパートメントに行くと、この犬が室内にいて、隣のコンパートメントの乗客が麻薬所持で逮捕されていました。改札で逮捕すると逃げられるので、列車に乗車したところで逮捕したようです。とんだハプニングでしたが定刻14時の出発となりました。

シカゴ南駅を定刻に出発した列車は下水処理場の横を通過。職業柄すぐに気が付き、見たところ汚泥処理は天日乾燥でした。

シカゴ～デンバー駅までは広い平原で広大な穀物畑が広がり、小麦、トウモロコシまたは大豆畑の水まき用パイプと穀物を貯蔵するサイロがポツンポツンと建っているだけで民家はほとんど見あたりません。列車の速度は直線部で最高時速１３０キロメートル、平均時速１００キロメートル程度と思われます。

レールはほとんどが単線で、貨物列車との交換のために４～５キロメートルの交換用複線区間があります。貨物列車優先で彼方此方に引き込み線があり、貨物車が停車しています。交換する貨物列車の車両を数えると２３０両以上もあり、先頭に2両、中間に3両、後押し用に1両の合計6両のディーゼル機関で牽引する貨物列車がありました。夕闇迫る列車食堂でチキン定食の夕飯を済まし、すぐに寝台車で寝込む。この寝ている間に列車も停車。寝付きの良い私は時差も関係なく熟睡し、列車の遅れにはまったく気が付きませんでした。オマハ駅で3時間停車したそうです。

2日目

5月24日の朝、約5時間30分遅れでのデンバー駅に到着。デンバー駅には地下鉄も、架線による電化路線もあります。デンバー駅を発車すると待望のロッキー山脈越えの大パノラマへの挑戦です。途中駅での貨物列車との交換を期待しましたが、残念ながら峠を越えた後、頂上での交換で、山の上には雪が多く残っていました。

ロッキー山脈を越えたカリフォルニア・ゼファーはしばらく森林の中を走り、放牧されている牛を見ながら、再び難所のシエラネバダ山脈越えに向かいます（**図3・40**）。

図3・40　グランビー駅で停車中のカリフォルニア・ゼファー．後ろは越えてきたロッキー山脈

その日の夕食は、前日にビーフは柔らかかったという評判を聞いたので、ビーフ定食とワインを取り、後部のデッキでユタ州の広い平野を眺めながら、サロンカーで酔いを醒まして気持ちよく寝ることにしました。

列車の遅れは5時間程度に戻したようです。ユタ州とネバダ州の砂漠地帯は眠っていてまったく気づいていません。26日からはシエラネバダ山脈越えで、山中の連続カーブを列車は低速で走ることなります。山頂は雨模様でしたが、雪が深く、スキーができる状態でリフトが運行されていました。峠を越えると天気は快晴になり、大きなカーブを通過して我々が下車するサクラメント駅に向かって下っていきました。

計画ではサンフランシスコのエメリービル駅まで乗車する予定でしたが、サクラメント駅近くの州立ヒストリック・パークにある鉄道博物館を見学するために、サクラメントに宿泊することにしました。列車の遅れで夜中に到着するのではと心配しましたが、19時過ぎのまだ明るいうちに駅に着き、すぐに宿のホテルを見つけることができました。

3日目

5月26日は昔のサクラメント州のヒストリック・パークへ出かけます。駅から歩いて行ける距離で、町はお祭りで西部劇に出てくるような衣装を着けた人々が大勢いました。サクラメント訪問の目的はカリフォルニア州立鉄道博物館です。

カリフォルニア州立鉄道博物館の見学を終え、昼食後にサンフランシスコに向かいカリフォルニア・ゼファーの2泊3日の旅は終了。目的の列車トイレは真空式トイレだけの調査で終わりました。

◆おわりに

アメリカは豊かな国で石油を始めとして何事も自国で賄うことができるため、自国中心に物事を考えられるのだと思います。一方、シカゴなどの都市ではトヨタ、ホンダの日本車とベンツ、アウディのドイツ車が多く走り、燃費の高いアメ車は少ないです。また、都市交通網は日本やEU諸国と変わらず地下鉄などにより整備されていますが、自動車の渋滞も変わりません。しかし、都会を離れると広大な農地に高圧電線と、3車線以上ある高速道路が整備され、日本の倍以上ある大型トラックが行きかっています。日本は良くこんな国と戦争をしたなと思わずにいられません。若い人たちには一度は見せておかねばと思います。

【情報提供：京都大学鉄道研究会OB・路次安憲氏、神林富夫氏】

カナダ

カナダへ観光で行くチャンスはありませんでしたが、１９８５年にニューヨークへ行く途中にバンクーバーに立ち寄りました。

16世紀のカナダはフランスやイギリスの植民地で、17世紀末以降の両国の戦争でフランスが破れイギリスの支配下になりました。１８６７年にイギリス領北アメリカ植民地と統合し、カナダ自治領となり世界第２位の面積を有する国として１９３１年のウェストミンスター憲章により事実上の独立国家となりました。国土の大部分が亜寒帯・寒帯で、石炭や鉄鉱石などの天然資源と森林資源をもつ豊かな観光立国でもあります。

◆ 鉄道事情

20世紀になり独立した国ですが、鉄道は１８３６年にヒューロン湖南端のサーニア～トロント、モントリオール経由でアメリカのポートランドまで開通したのが始まりです（**表20**）。大陸横断鉄道は１８７０年にカナディアン・パシフィック鉄道（Canadian Pacific

表20　カナダの鉄道の状況（2012年）

創業	1832年
営業キロ	4万5,900 km
軌道幅	1,435 mm
電化距離	132 km（AC 50 kV 60 Hz） 30 km（AC 25 kV 50 Hz）
年間旅客輸送量	13億4,200万 人/km
年間貨物輸送量	3,481億3,600万 t/km　※CN社 3,990億4,400万 t/km　※CP社

Railway：CP）が政府の援助で建設を進め、1885年に太平洋岸にたどり着きました。また、1913〜1923年にかけて中小鉄道事業社を合併した「カナダ国鉄」が誕生し、カナディアン・パシフィック鉄道の路線の北側を走る太平洋横断鉄道を開通させました。一方、1976年に政府出資のカナダ旅客鉄道（Via Rail Canada：VIA）が設立され、旅客輸送を開始しました。カナダの鉄道は営業距離が4.5万キロメートルを超え、アメリカ、ロシアに次ぐ路線の長さを有しており、標準軌道は1435ミリメートルで人口1人あたりの営業キロ数は世界一ですが、貨物が主体でその殆どは非電化です。カナダの長距離用のディーゼル機関車にはトイレが付いています。燃焼式トイレを採用したこともありましたが、臭気の問題などでタンク貯留式になったようです。

図3・41　キングストン駅で発車を待つVIAレールのコリドー63号トロント行き（路次安憲氏 提供）

１９９５年にはカナダ国鉄は民営化され、旅客部門をカナダ旅客会社に譲渡し、貨物部門がカナディアン・ナショナル鉄道（Canadian National Railway：ＣＮ）となり、カナディアン・パシフィック鉄道とともに貨物部門のみの鉄道になりました。

現在の鉄道旅客輸送はＶＩＡレールカナダが旅客鉄道としてディーゼル機関車、ディーゼルカーおよび客車を保有して、路線をもたず全国ネットサービスをしています。とくにトロント〜バンクーバー間４４６７キロメートルを３泊４日で横断する列車「ザ・カナディアン（The Canadian）」は有名ですが、いずれも毎日の運行はなく慢性的な赤字です。

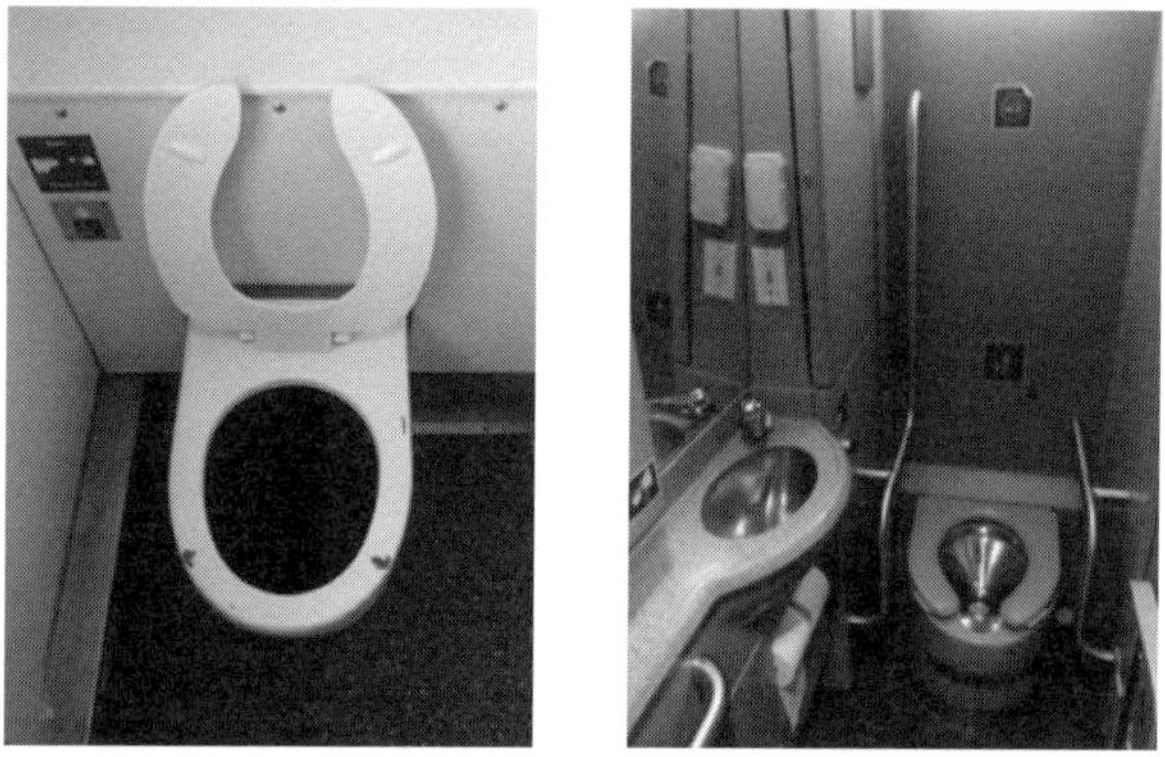

図３・42　VIAレールのコリドー63号の汚物貯留式水洗トイレ
（路次安憲氏 提供）

◆東部近距離特急（コリドー）

飛行機に対抗できるのがコリドー・ルート（トロント～オタワ～モントリオール間）で全路線の長さは１２６４キロメートルですが、沿線には大都市が連なり唯一の黒字路線です。この路線には東部近距離特急コリドー号が運行され、複数区間で各列車とも１日あたり３～６本程度の運行でビジネスクラスの車両を備えてサービスに努めています。この区間の営業収入はＶＩＡレール全体の70パーセントを占めています。**図３・41**、**３・42**は東部近距離特急（コリドー）ですが、ビジネスクラスを備えて航空機との競争を意識したサービスをしています。またトイレは広く、各車両に整備されており、水洗式で汚物は貯留されています。

◆貨物輸送

貨物輸送では、石炭、鉄鉱石、小麦など穀物の輸送が上位を占め、中部～大西洋、太平洋の港へと長距離、大量、定形輸送が最も適しており、カナディアン・ナショナル鉄道（営業キロ2万8070キロメートル）、カナディアン・パシフィック（営業キロ2万7358キロメートル）の2社が北アメリカを含め、北アメリカ大陸全土をネットワークとして事業展開を行っています。

◆おわりに

カナダはアメリカと同様、広い国土にまばらな人口のため旅客での鉄道運営で採算は取れていません。そのため鉄道はすべて貨物優先で、カナダ～アメリカ間との輸送およびトランジット貨物輸送の収入がカナダ国内の収入を大きく上回っています。オーロラ観光を含めて一度は観光で行きたい国です。

【情報提供：京都大学鉄道研究会OBの路次安憲氏】

ペルー

日本から最も遠い国、地球の裏側にあたる南アメリカ大陸のペルーには、観光ツアーで2013年4月に出かけました。もちろん鉄道に乗れることを条件に、インカ帝国の遺跡マチュ・ピチュやナスカの地上絵への観光が目的です。

ペルーは日本の3.4倍の広さの面積に人口約3297万人の農牧産業と銅などの鉱物を産出する国で、アルベルト・フジモリ大統領の時代に日本人人質事件の起こった国です。15世紀にはインカ帝国として栄えていましたが、16世紀以降は3世紀にわたりスペインの支配下になっています。1821年にチリやアルゼンチンでの独立戦争を指揮したサン＝マルティンにより独立を宣言しましたが、政治的に不安定で太平洋戦争後にもクーデターが繰り返されましたが、1990年に日系2世のアルベルト・フジモリ氏が大統領に就任し経済と治安が大きく改善しました。国土は首都リマの海岸地帯（コスタ）、マチュ・ピチュのある標高2500～3000メートルの山岳地帯（シエラ）、アンデス山脈を越えたアマゾン熱帯雨林地帯に分かれており、南北を縦貫する鉄道はありません。

表21　ペルーの鉄道の状況（2011年）

創業	1851年
営業キロ	1,884 km　※非電化
軌道幅別（軌道幅）	1,750 km（1437 mm） 134 km（914 mm）
年間旅客輸送量	9,461万 /km
年間貨物輸送量	10億3,750万 t /km

◆鉄道事情

１８５１年４月にリマ〜カリヤオ間にペルー初となる鉄道ができましたが、農作物や鉱石などを港に運ぶための民間鉄道にすぎず、国土を結ぶ鉄道網の計画はありませんでした（**表21**）。

１９７２年にこれら各地域にできた鉄道を統合した公営企業体として、ペルー国鉄が設立され、中央鉄道、南鉄道、南東鉄道（クスコ〜キラバンバ）の３管理局をもつこととなりました。１９９０年代以降は経営難に陥り、アメリカのＲＤＣ（Railroad Development Corporation）を中心とする企業連合が中央アンデス鉄道（Ferrocarril Central Andhino：ＦＣＣＡ）および南部鉄道を引き継いだアンデス断鉄道（Ferrocarril Transandino SA：ＦＴＳ）などに分割され運営されています。

中央鉄道

カヤオ港、リマ〜アンデス高原を結ぶ鉄道です。

FHH（Ferrocarril Huancayo-Huancavelica SA）

合併後ワンカヨとワンカベリカを結ぶ地方鉄道です。

FCT（Ferrocarril Central Train）

マタラニア、モリエンド港とチチカカ湖、クスコを結ぶ鉄道で、さらにクスコ〜マチュ・ピチュ、キヤバンバを結ぶ単線・狭軌（914ミリメートル）線を運営している、インフラと車両を所有している会社で、これを姉妹会社ペルーレイルに使用料金を取って貸付、ペルーレイルが列車運行を行っています。

他にタクナ〜アリカ間の鉄道や、イロ〜トケパラ間の鉄道など単独区間を運行する鉄道路線があります。

図３・43　マチュ・ピチュ駅で待っていると乗車だけで500USドル必要なハイラム・ビンガム（HB）列車が車庫から登ってきました．この先でユーターンしてスイッチバック運転でマチュ・ピチュ駅に入ります．上から覗くと個室の車内が見えました

◆ＦＣＴ観光鉄道

今回、私が乗車したのはＦＣＴ鉄道の観光列車でオリアンタ駅～マチュ・ピチュ駅の往復です。私の乗車したビスタドーム列車の車両は普通車ですが、各車両とも上部までガラス張りのパノラマカーです。各車両にあるトイレは広く水洗式のトイレでした。

この他にボロイ（クスコ）～マチュ・ピチュの往復乗車とシャトルバス往復乗車券とマチュ・ピチュの入場券やガイド付きで６５８ＵＳドル（当時の日本円で約７万円）もする豪華列車ハイラム・ビンガム

図3・44　ビスタドーム列車のトイレ．流石に観光列車でありトイレは広く清潔でした．またトイレの汚物流し口には，日本の浄化槽トイレと同様に臭気を防ぐため蓋が付いています

（Hiram Bingham：HB）も運行されています（**図3・43**）。

◆おわりに

ペルーのクスコやマチュ・ピチュのインカ帝国崩壊は、白人たちの征服力と植民地政策を見せつけられます。また、白人は何と残酷な人種だったのかと思います。その点、日本の先輩たちは江戸時代の鎖国から国を開き、白人を立てながら学び、植民地化を防いで良く戦ってくれました。

ほぼ白人の世界となったペルーの観光地では、トイレは水洗でトイレットペーパーも整備されています。列車トイレも私の乗車した列車トイレは水洗で汚物を貯留していました（**図3・44**）。

3-5　ユーラシア

ロシア

ロシアは極東アジア〜ヨーロッパまでまたがる世界最大の面積を有する共和国で、専制君主ピョートル大帝、エカテリーナ女帝時代に東進を重ね、ロシア革命後にソビエト連邦を結成しましたが、20世紀末における民主化の波にのまれて解体分裂し、現在に至っています。

◆鉄道事情

鉄道は1837年に当時の首都サンクト・ペテルブルグと皇帝の居所があるツァールス

表22　ロシアの鉄道の状況（2013年）

創業	1837年
営業キロ	8万6,005 km
軌道幅別（軌道幅）	8万5,200 km（1,520 mm） 805 km（1,067 mm）
電化キロ	2万3,986 km（AC 25 kV 50 Hz） 1万9,100 km（DC 3 kV）
年間旅客輸送量	1,286億 人/km
年間貨物輸送量	2兆9,542億 t/km

コエ・セロー間で開通し、軌道6フィート（1829ミリメートル）が使用されました（**表22**）。1851年にサンクトペテルブルク～モスクワ間644キロメートルが開通しましたが、この路線は5フィート（1524ミリメートル）です。1917年にソビエト連邦が誕生しますが、その後も路線は拡大し続け、1980年には14万8000キロメートルに達しました。一方、サハリンの鉄道は日本の統治時代に建設されたもので、この区間の軌道は1067ミリメートルとなっており、戦後も日本からSL、DC、PCを輸入しています。近年は1520ミリメートルへの改軌工事が進んでいます。

ロシア鉄道の旅客輸送は赤字ですが、これを貨物輸送で補っているのが現状です。それでもロシアでは鉄道が重要な交通機関で、ロシア鉄道株式会社（Rossiskiye

Zheleznye Dorogi：RZD）がパイプラインを除く全貨物輸送（トンキロ）の4分の3以上、旅客輸送（人キロ）のほぼ半分を運行しています。輸送延長は、アメリカに次いで世界2位、電化延長は世界1位です。また貨物輸送（トンキロ）ではアメリカ、中国に次いで世界3位、旅客輸送（人キロ）では、中国、インド、日本に次いで世界4位です。世界最長距離を誇るシベリア鉄道は、モスクワ〜ウラジオストク間9288キロメートルの距離を、優等列車「ロシア号」で毎日1本、7泊8日かけて走行します。

モスクワはイタリアと違って、落書きのまったくない清潔な街ですが、警備が厳しく、駅構内およびプラットホームのあちこちで武装した国家警察が見張っており、カメラを構えることができず、スマホで撮影したそうです。

図3・45　アエロエクスプレス（清水みのり氏 提供）

市内から空港まではアエロエクスプレスで約30分ですが、各車両には

図３・46　アエロエクスプレスの真空式トイレ（清水みのり氏提供）

トイレがなく、車内はかなり混雑をしていたため、娘は空港で車両を降り、トイレのある車両に乗り込んで撮影をしたそうです。警備が厳しく、非常に苦労したようです（**図３・45、３・46**）。

地下鉄の駅は壁も天井も床もすべて大理石張りの贅沢な造りで、落書きもなく、非常に綺麗です。モスクワ行きに際して、テロを心配していましたが、警備が非常に厳しく安全だったそうです。

◆高速鉄道

ロシア鉄道では高速新線の計画はありませんが「サプサン」「アレグロ」「ラストチカ」「ストリージュ」の４列車が高速列車として

在来線を走っています。サプサンはモスクワ〜サンクトペテルブルクおよびニジニ・ノヴゴロド間での運行、「アレグロ」はサンクトペテルブルクとフィンランドのヘルシンキを結ぶ国際列車、「ラストチカ」は「サプサン」を補完する役割で、モスクワ〜ニジニ・ノヴゴロド間やサンクトペテルブルク〜ペトロザヴォーツク間など営業キロ200〜600キロメートル程度の都市間輸送で活躍しています。ストリージュは2015年6月よりモスクワ〜ニジニ・ノヴゴロド間で運行されたスペイン・タルゴ社製の高速鉄道です。

現在は在来線の路線による運航ですが、高速新線計画にはモスクワ〜ニジニ・ノヴゴロドを経てカザンに至る約770キロメートルが含まれ、設計速度は時速400キロメートルでモスクワ〜カザン間を3時間30分で結ぶ予定です。

◆おわりに

このロシアでイタリアから始めた世界の列車トイレの章を終えたいと思います。最新情報を得るためにもう一度海外に赴くか、あるいはロシアのシベリア鉄道の旅にも挑戦してみたいのですが、私も81歳を迎えようとしており、今から海外に出かける元気はありません。しかし鉄道は世界各国に整備されており、途上国では貨物や人の輸送機関として欠かすことのできない設備でしょう。したがって、交通インフラとしてまだまだ新しい路線や路線延長はありえると思います。

【情報提供：長女・清水みのり。フィギュアスケートGPを見に行くためにモスクワを訪問しました。】

第 4 章

列車トイレのこれから

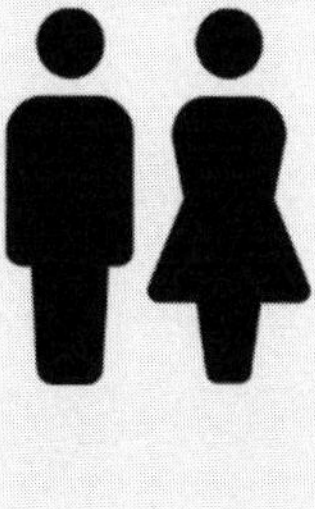

4-1 列車トイレの新たな課題

開発展途上国では、交通機関として道路の整備より鉄道による輸送の方が費用が安く進めやすい時代は終わり、道路と車の時代になっています。車社会のアメリカやヨーロッパでは、鉄道は貨物列車優先で、近郊の通勤列車以外の中長距離列車の旅客輸送は赤字となっており、その多くが衰退していきました。日本でもＪＲ北海道、ＪＲ四国ともに大赤字でその存続が問題になっています。一方、鉄道は他の交通機関（航空機や車）に比べて二酸化炭素の排出量が少なく、見直すべきだという声も挙がっています。また、高級輸送設備として観光地を巡る個室付き列車がもてはやされる時代になりました。このような列車の「個室用トイレ」は比較的広く、贅沢な造りになっています。最近開通した九州新幹線のトイレは、水洗便所だけでなく温水洗浄や加温便座、臭気除去装置、および他の機能（おしめの取り換えスペース）を備えた施設となっています。

日本ではＪＲを始め、各地にある中距離用私鉄の多くは列車トイレを装備せずに各駅にトイレを完備し、特急の指定車両や観光用列車からは垂れ流しトイレが完全になくなりました。一方、世界に目を向けると、ヨーロッパ（ＥＵ諸国を始め）ではいまだに汚物の垂れ流しトイレが残っています。車両の改造だけではなく、地上設備として汚物処理施設がなければ汚物垂れ流しトイレを改善することができません。日本の都営地下鉄やＪＲの車両も中古車両は海外に輸出されていますし、故障の少ない日本製車両は、海外では中古車両として需要が多くあります。こうした車両のトイレの汚物処理がどのようになっているかも興味深いところです。現在、日本の水処理技術のレベルは高く、海外に輸出されていますす。１００％汚物の垂れ流しがない国ですので、当然、その技術が高く評価されているのでしょう。発展途上国でも、リゾート地は下水が完備していますが、東南アジア諸国やアフリカ大陸の下水設備は未整備です。日本は四方を海に囲まれて雨が多く、飲み水には恵まれていますが、世界では水不足で下水などの水も再利用されています。川の水も濁っており、日本のように澄んで、綺麗な河川は少ないのが現状です。インドやアフリカでは濁った水を飲料水にしています。ヨーロッパでは水道水は飲まず、飲料用のミネラルウォーターを購入していますので、当然トイレの汚物処理にまで手が回りません。高速鉄道の整備も必要ですが、それ以上に環境問題として各鉄道の汚物処理は必要です。日本が技術的に指導していくことが期待されます。

日本の下水処理場の処理技術は高度処理まで行う最先端技術ですが、それなりの費用がかかります。そのため、開発途上国ではこのような高度処理を取り入れることは難しいでしょう。そのような国には、固液分離だけの処理場でラグーン[1]や一時貯留して放流する技術が適切です。列車トイレにおいても真空式トイレのような高級設備だけでなく、それぞれの国にあった安く処理できる技術も必要でしょう。

1　浅いため池で水面から酸素を受け入れて汚水を処理する安易な水処理法。

4-2 さらに快適な空間を目指すために

世界の列車トイレに注目すると、トイレは無賃乗車や麻薬の取引者、密入国者の隠れ場所、また国によっては鉄道を軍事設備とみなし、兵隊が自動小銃をもって見張っており、写真が撮りにくいところです。その上、汚く悪臭の漂う狭い場所という暗いイメージで、とくに開発途上国や地方都市のローカル線ではこのような傾向が多く見られます。一方、急行、特急などの優等列車や寝台車などの指定列車、最近では高速鉄道の開発により、指定券を徴収することで予算を確保し、垂れ流し式ではないバリアフリーの綺麗なトイレが普及し始めました。しかし、それはほんの一部にすぎず、世界的に見ると、汚物を垂れ流しているトイレの方が多いようです。とくに東南アジアや南アメリカ大陸、アフリカ大陸等の開発途上国は発電設備などのインフラ整備が優先され、まだ下水道が完備されていない国が多くあります。水道施設、下水道や廃棄物処理設備まで手の及ぶ国は少ないようです。一方、鉄道は必要であり、長距離列車には当然トイレが必要不可欠です。しかし日本のように都市化した国以外は草原や砂漠地帯といった汚物をばらまいても問題がない場所を走る列車がほとんどでしょう。寝台車や優等列車では当然、清潔なトイレが求められますので、水洗化された臭気のないトイレが必要です。ところが、日本では需要の高い温水洗浄便座付きトイレは海外には浸透しないでしょう。列車に水などの重量物は載せたがらず、当然のことながらトイレで水をできるだけ使いたくないという事情があるからです。また車両の手入れと異なり、トイレの清掃などには別の労働力を必要とするため、改善するのは困難です。とは言うものの、トイレは重要な設備で、観光列車や優等列車には清潔なトイレが求められます。とくに日本ではトイレ付きの個室が普及しています。九州の観光列車「ななつ星」の展望車には専用のトイレが装備されていますし、上野と札幌をつなぐ特急「カシオペア」の個室寝台車にはトイレ付個室もあります。フランスのＴＧＶやドイツのＩＣＥ、イタリアのフレッチャ・ロッサといったＥＵ内を横断する高速国際列車にも清潔で広いトイレが求められます。水処理や廃棄物処理分野における日本の技術は高く評価されており、海外進出のチャンスと言えます。

鉄道分野の技術ではフランスと競っていますが、イギリスでは通勤電車用に日本の車両が輸入されています。列車トイレを通じて日本の車両もさらに輸出できるのではないかと期待しております。そのため、暗いイメージを払拭し、清潔で臭気のない安いトイレを開発すべきだと考えています。しかし、日本のような高級車両は途上国に輸出するには不向きですし、現時点で人件費や物価の安い韓国に負けそうです。日本の新幹線の運転システムと車両技術は世界一ですが（値段も世界一ですが）、残念ながら現在ではＴＧＶに抜かれつつあります。鉄道車両は安全走行が最優先ですが、振動騒音の少ない乗り心地と、さらに清潔で快適な空間のトイレによって、日本車両が世界に広まる日を夢見ています。

参考文献

第1章・第2章

・神津啓時「近年の列車トイレの技術」『鉄道ピクトリアル』No.６４９、１９９８年2月
・甲良伝次郎『客貨車名称図解』１９１９年3月
・国鉄労組全国施設協議会「国鉄糞尿譚」『鉄道ピクトリアル』No.11、１９６８年11月
・五光製作所『製品カタログ』２０１５年4月
・清水　洽「トイレヨモヤモバナシ――四方八方話（第27回目）世界の列車トイレの現状」『都市と廃棄物』Vol.39、No.11、２００９年11月
・清水　洽「日本の列車トイレの変遷」『鉄道ピクトリアル』臨時増刊、２０１１年12月
・白土貞夫「新聞に載った官設鉄道の列車トイレ出現前後」『鉄道ピクトリアル』No.６４９、１９９８年2月
・妹尾河童『河童が覗いたトイレまんだら』文藝春秋、１９９０年6月
・谷　雅夫「旅客車の便所について」『鉄道ピクトリアル』No.11、１９６８年11月
・鉄道史資料保存会編『近鉄旧形鋼製電車明細図』鉄道史資料保存会、２００４年12月

・鉄道資料保存会編『スハ43系客車明細図』鉄道資料保存会、1983年7月
・根本　茂「列車トイレのあれこれ　その1」『鉄道ファン』№366、1991年10月
・根本　茂「列車トイレのあれこれ　その1」『鉄道ファン』№367、1991年11月
・吉川文夫「鉄道の文化と列車トイレ」『鉄道ピクトリアル』№649、1998年2月
・李家正文『厠まんだら　新装版』雪華社、1972年

第3章

・Thomas Cook Ltd.　地球の歩き方編集室訳『トーマスクック・ヨーロッパ鉄道時刻表』ダイヤモンド・ビッグ社、2013年6月
・長　真弓『ヨーロッパ国際列車の旅――ユーレイルパスで自由自在』講談社カルチャーブックス、1996年4月
・海外鉄道技術協力協会『世界の鉄道』ダイヤモンド・ビッグ社、2015年9月
・海外鉄道技術協力協会『最新　世界の鉄道』ぎょうせい、2005年6月
・桜井　寛「ゴッタルドトンネル125周年」『鉄道ファン』147、№558、2007年10月
・櫻井　寛『今すぐ乗りたい！「世界名列車」の旅』新潮文庫、2007年2月
・佐藤芳彦「世界の高速鉄道――中国・インド・ベトナム」『鉄道ファン』№567、2008年7月
・佐藤芳彦「世界の高速鉄道　スペイン／タルゴ・アルストム・ICEファミリー」『鉄道ファン』№562、2008年2月

・地球の歩き方編集室『イタリア鉄道の旅』ダイヤモンド社、２０１０年2月
・地球の歩き方編集室『地球の歩き方　ガイドブック　A18　スイス　２０２０年～２０２1年版』ダイヤモンド・ビッグ社、２０２０年5月
・地球の歩き方編集室『スイス鉄道の旅』ダイヤモンド・ビッグ社、２００6年3月
・地球の歩き方編集室『地球の歩き方　ガイドブック　E02　エジプト　２００８～２００９年版』ダイヤモンド・ビッグ社、２００7年10月
・地球の歩き方編集室『地球の歩き方　ガイドブック　E08　チュニジア　２００８～２００９年版』ダイヤモンド・ビッグ社、２００8年6月
・地球の歩き方編集室『地球の歩き方　ガイドブック　E03　イスタンブールとトルコの大地　２０１０～２０１1年版』ダイヤモンド・ビッグ社、２０１０年3月
・地球の歩き方編集室『地球の歩き方　ガイドブック　D04大連・瀋陽・ハルピン　２００7～２００8年版』ダイヤモンド・ビッグ社、２００6年12月
・地球の歩き方編集室『地球の歩き方　ガイドブック　D10　台湾　２０１０～２０１1年版』ダイヤモンド・ビッグ社、２０１０年3月
・地球の歩き方編集室『地球の歩き方　ガイドブック　B23　ペルー・ボリビア・エクアドル・コロンビア　２０１2～２０１3年版』ダイヤモンド・ビッグ社、２０１2年1月
・地球の歩き方編集室『地球の歩き方　ガイドブック　A14　ドイツ　２００2～２００3年版』ダイヤモンド・ビッグ社、２００2年6月

・地球の歩き方編集室『地球の歩き方　ガイドブック　A20　スペイン　2008〜2009年版』ダイヤモンド・ビッグ社、2008年2月
・中村卓之「ヨーロッパ鉄道ア・ラ・カルト　モスクワからの寝台列車」『鉄道ファン』No.612、2012年4月
・松井良太郎「スイスのトイレ考」『下水道協会誌』Vol.36、No.440、1999年6月
・松尾よしたか「ユニオン・パシフィック鉄道が誇る　世界最大の貨物操車場」『鉄道ファン』No.632、2013年12月
・三浦幹夫・秋山芳弘『世界の高速列車』ダイヤモンド・ビッグ社、2008年2月
・村上義和、池俊介『ポルトガルを知るための55章　第2版』明石書店、2011年10月

列車トイレの世界

令和5年7月15日 発　　行
令和5年9月25日 第3刷発行

著作者 清　水　　　洽

発行者 池　田　和　博

発行所 丸善出版株式会社
〒101-0051 東京都千代田区神田神保町二丁目17番
編集：電話(03)3512-3265／FAX(03)3512-3272
営業：電話(03)3512-3256／FAX(03)3512-3270
https://www.maruzen-publishing.co.jp

DTP組版／株式会社 新後閑
印刷・製本／日経印刷株式会社

ISBN 978-4-621-30807-3 C 0065 Printed in Japan